U0578263

稽古维新

湖南省宋元明铜器与金银器

深圳博物馆
湖南博物院 编

文物出版社

图书在版编目（CIP）数据

稽古维新 ： 湖南省宋元明铜器与金银器 / 深圳博物
馆，湖南博物院编. -- 北京 ： 文物出版社，2024. 12.
ISBN 978-7-5010-8608-5

Ⅰ. K876.402

中国国家版本馆CIP数据核字第20247AZ787号

稽古维新

湖南省宋元明铜器与金银器

编者：深圳博物馆　湖南博物院

责任编辑：王　伟

责任印制：王　芳

出版发行：文物出版社

社址：北京市东城区东直门内北小街 2 号楼

邮编：100007

网址：http://www.wenwu.com

邮箱：wenwu1957@126.com

经销：新华书店

印刷：雅昌文化（集团）有限公司

开本：889mm×1194mm　1/16

印张：11.25

版次：2024 年 12 月第 1 版

印次：2024 年 12 月第 1 次印刷

书号：ISBN 978-7-5010-8608-5

定价：268.00 元

本书版权独家所有，非经授权，不得复制翻印

《稽古维新——湖南省宋元明铜器与金银器》编辑委员会

主　　任：黄　琛　段晓明

副主任：杜　鹃

主　　编：蔡　明

副主编：胡亚楠

编　　委：黄阳兴　吴小燕

校　　对：胡亚楠　朱　海

"稽古维新——湖南省宋元明铜器与金银器展"策划委员会

主　　任：叶　杨　陈建明　段晓明

副主任：郭学雷　李建毛

深圳博物馆团队

策 展 人：蔡　明

设 计 师：周　欣

陈列布展：李维学　黄诗金　乔文杰　喻　珊　冯艳平　谭冰晶

湖南博物院团队

策 展 人：傅聚良

陈列布展：吴小燕　袁　鑫　张　锋　曹　珊

展览时间：2015 年 11 月 27 日至 2016 年 2 月 21 日

展览地点：深圳博物馆金田路馆（历史民俗）二楼专题展厅

前言

　　湖南省地处中国中部、长江中游。境内主要河流湘江，自南向北流入洞庭湖，最后汇入长江；沿湘江逆流而上，经灵渠可至漓江，进入珠江流域。湖南自古为沟通中原与岭南的南北干道，也是连接浙赣与川贵的东西要冲。宋时，今湖南地域大部属于荆湖南路，此为"湖南"一名之肇始；元明二代，湖南分别属于湖广行省与湖广布政使司；至清代，湖南单独建省。宋元明时期，湖南境内农业发达、商贸繁荣、书院兴盛、人文荟萃。

　　自宋朝始，随着儒学复兴思潮与金石考古学的兴起，三代典章文物备受推崇，器用仿古与复古之风盛行。虽是复古，却不拘泥于古，在禅学、理学之影响下，各式仿古铜器与文人士大夫的生活情趣和人文意境相结合，器型、功用皆新。此时之金银器，一改唐代的西域胡风，与中土文化相适应的新风格得以确立，并由皇室贵胄普及至士大夫甚至市民阶层。《尚书·尧典》："曰若稽古帝尧。"西汉孔安国："若，顺；稽，考也。能顺考古道而行之者帝尧。"《诗经·大雅·文王》："周虽旧邦，其命维新。"清代陈奂："维新，乃新也……言周至文王而始新之。"稽古维新，当为宋元明时期器皿风格最好之诠释。

　　此次展览由深圳博物馆联合湖南博物院（2022年，湖南省博物馆更名为湖南博物院）、株洲市文物局、衡阳市博物馆共同举办，共展出湖南收藏各式仿古与新造铜器、书院祭器以及征集与窖藏出土的金银器共150余件。深圳博物馆一直致力于弘扬优秀的传统文化艺术，本次展览不仅是湖南宋元明铜器与金银器的展示，更是这一时期含蓄素雅的士人文化的艺术再现，也将为优秀传统文化的承继提供有益借鉴。

目录

法古悦新

——宋元明铜器

　　三代以后，秦汉以降，青铜礼器渐已沉寂，此后历代虽偶有出土，却多被视为"祥瑞"。至宋代，文人士子好古、藏古、考古之风蔚然而兴。商周青铜礼器开始被士人系统性地收集、珍藏，加以考据并著录，金石学由此诞生并趋于兴盛。吕大临所著、成书于北宋哲宗元祐七年（1092 年）的《考古图》，是此时金石学成果的集大成者。

　　宋徽宗即位后，重新厘定礼制，于政和三年（1113 年）完成《政和五礼新仪》。他有感于朝廷所藏礼器与士大夫私藏之出土铜礼器不同，认为前者可疑，着令收集古器、描绘图样，并参考金石学成果，于宣和五年（1123 年）编纂完成《宣和博古图》，又以此为模本，重新铸造礼器。这些祭祀礼器，器型仿真，铭文多为小篆，文体也仿自商周铭文。至此，宋代礼制与礼器均已完备。及至元明二代，宗庙、社稷、郊祀、岳镇海渎、宣圣等祭祀，皆承袭两宋旧制，细节虽有改动，但不离其宗。

　　与仿古铜礼器不同，宋元明士大夫生活中所用的铜器，造型、纹样更为自由多样，既追摹古风，又不乏新意。其功用也与商周铜器不同，或焚香以供，用于祭奉寺观神尊或祖先考妣；或插花蹴香，以作装点堂斋的清供雅玩。

第一节　鼎炉烛台类

堂供炉具

　　烧香祭祀，古已有之，周代就有以烟祭祀上天的传统。汉代有了专门的焚香炉具，在上层社会中可用于香薰衣服被褥，如"女侍史絜被服，执香炉烧熏"。至唐宋，随着佛、道二教的兴盛，以及香料种类、数量的增加，烧香普及至市井生活中。"烧香请佛力，礼拜求僧助"，焚香供养佛神天地、祖先考妣渐为流行。

　　商周时期盛贮牺牲、粮食佳肴用以祭祀的鼎、鬲、簋等铜礼器，因造型庄重典雅，在宋元时期成为祠堂供养的焚香炉具，甚至被陶、瓷炉具所模仿。江西宜春元代窖藏出土了两件鬲式铜炉，其铭文有"外续置铜炉肆个，永充供养"等字。以炉为中心配以两花瓶的"三供"或配以两花瓶两烛台的"五供"的香供礼器组合，在宋元明时期广为流行。

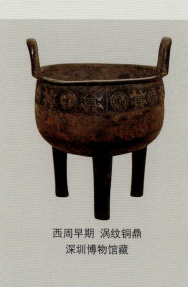

西周早期　涡纹铜鼎
深圳博物馆藏

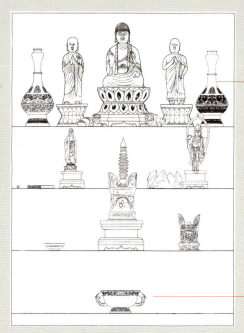

石函内器物位置示意图

元代铜花瓶（仿古铜温壶）

西周中期　"公姞"铜鬲
美国旧金山亚洲艺术博物馆藏

元代簋式铜炉

元　铜三供　浙江海宁智标塔地宫石函出土

西周早期　兽面纹铜簋
中国社会科学院考古研究所藏

金　铜五供
首都博物馆藏

商周时期的铜鼎、铜鬲、铜簋

书斋焚香

焚香一炉，或晴窗抚琴、或秘阁夜读，是宋元明文人士子追求的人文意境。南宋的陆游曾写道："官身常欠读书债，禄米不供沽酒资。剩喜今朝寂无事，焚香闲看玉溪诗。"若有美人在侧，"绿衣捧砚催题卷，红袖添香伴读书"，不失为一种唯美的生活情致。"覆火纸灰深，古鼎孤烟立"，古鼎或仿古铜鼎不但可以为炉，有些亦可用于插花陈设。书斋香炉的体型一般小于堂供香炉。

宋元明香炉之中，还有一种动物形熏炉，"香兽以涂金，为狻猊、麒麟、凫鸭之状，空中以燃香，火烟自口出，以为玩好。"狻猊，形如狮，也有以狮形为鼎炉盖钮者，《宣和奉使高丽图经》称其为"狻猊出香"。鸭形熏炉也较为常见，"金鸭香炉起瑞烟，呈妙舞开筵"。这些熏炉常陈设于居室，既可以燃香以薰衣、室，也可为雅玩供士人赏玩。

鼎形香炉
南宋 佚名 女孝经图（局部）
故宫博物院藏

以铜鼎插花
北宋 宋徽宗赵佶 听琴图（局部）
故宫博物院藏

鸭形熏炉
南宋 罗汉图（局部）
日本奈良能满院藏

宋 狻猊熏炉
四川博物院藏

1 云雷纹鬲式铜炉

宋（960 ～ 1279 年）

高 12、口径 27.4 ～ 28.2 厘米

湖南博物院藏 征集

直口，圆腹，三矮足，足外底饰蕉叶纹，器腹饰云雷纹间乳钉纹。

底部铭文

2 附耳铜鼎

宋（960～1279年）

高 12.8、口径 16.4 厘米

湖南博物院藏　征集

折沿，口沿下附环形立耳，腹部两道凸弦纹。三矮足。器底外壁铭文为"子孙宝用"。

3 兽纹鼎形铜炉（附底座）

元（1271 ～ 1368 年）

炉身：高 22.5、口径 31.2 厘米

底座：高 6、口径 33.2 厘米

湖南博物院藏 征集

鼎形炉，立耳，圆口，圆鼓腹，圜底，底部有一圆孔，三足；器身饰兽
纹。底座方形，折沿，平底，中有一圆柱。

4 鎏金铜簋

明（1368 ～ 1644 年）

通高 25.7、口径 17.1 厘米

湖南博物院藏　征集

　　敞口鼓腹，四个兽形鋬，方座，器身及座饰兽面纹，座四角上有羊首纹，通体鎏金，显得富丽堂皇。

底部铭文

5 "宣德"龙耳铜炉

明（1368～1644年）

高 16、长 39 厘米

湖南博物院藏 征集

此炉椭圆形，两侧有龙形耳，龙首上扬，身作弓形。腹部两边饰对称的两龙，底部外壁有铭文"大明宣德五年监督工部官臣吴邦佐造"。宣德五年为 1430 年。

底部铭文

6 "宣德"龙纹铜炉

明（1368～1644年）

通高 40.7、口径 22.7、两耳间距 48.2 厘米

湖南博物院藏 征集

　　直颈，鼓腹，下有三兽足。口沿两侧盘龙形耳，以榫卯结构插入口沿，龙尾铸于炉腹部；龙目凸起，口张齿露，给人以奋力外伸的感觉。炉肩部饰莲瓣纹，腹部饰以海水纹饰，一龙游弋于其中。炉底外壁铭文为"大明宣德五年监制工部官臣吴邦佐造"。

腹部铭文

7 "嘉靖癸未岁" 狮纽铜炉

明（1368～1644年）

通高66、口径32厘米

湖南博物院藏 征集

　　炉身两侧的朝天耳作弯曲状，耳下方的腹部两侧皆有铭文，一侧为"嘉靖癸未岁"（1523年），另一侧模糊不清。腹下三兽足，足趾分开。盖钮呈狮踏绣球造型，狮作蹲卧状，圆目，张口露齿，侧首平视前方，狮尾上扬。狮口与炉身相通，炉内的香烟通过狮口向外吐出。

器壁铭文

8 鎏金兽面纹铜鼎

明（1368～1644 年）

通高 15.6、口径 16.8 厘米

湖南博物院藏　征集

　　腹部分档，有木盖，盖上有荷花鹭鸶玉捉手；双耳
与兽面纹均有鎏金。器腹内壁有铭文"子己"。

15

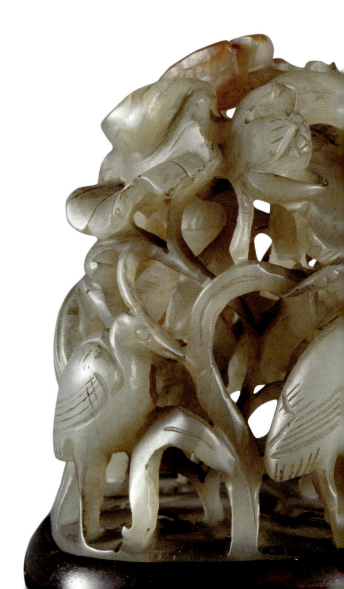

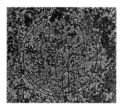 

外底铭文　　　　　　内底铭文

9 "宣和年制"错银兽面纹铜鼎

明（1368～1644年）

通高 25.3、口径 17.8 厘米

湖南博物院藏　征集

　　兽目鎏金，双耳与颈部，兽面纹的耳、鼻、角等细部以及鼎底部和三足均错银。外底部错银"宣和年制"铭文。宣和（1119～1125年）是北宋徽宗的年号。内底铭文"史祖庚"。从工艺看，时代为明。

10 "胡文明制"鎏金八宝纹铜炉

明（1368 ~ 1644 年）

通高 7.8、口径 12.7 厘米

湖南博物院藏　征集

　　口沿平，鼓腹，双龙形耳，圈足，器底内壁有铭文"云间胡文明制"。颈部饰"八宝纹"，腹部饰石榴、桃子及荔枝，寓意"多子多寿"。圈足以一周藤蔓及如意纹为饰，藤蔓绵延不断，寓意"福寿绵绵"。

底部铭文

底部铭文

11 "胡文明制"鎏金双凤纹铜炉

明（1368 ~ 1644 年）

通高 8、口径 13.1 厘米

湖南博物院藏　征集

　　口沿平，腹微鼓，双龙形耳，圈足，器底内壁有铭文"云间胡文明制"。颈部饰双凤纹，腹部饰狮龙纹。圈足以一周藤蔓及四合如意纹为饰。

　　胡文明为明代万历年间铸铜工艺名匠，擅长铸造铜炉与文房用具。

底部铭文

12 "正德年制"阿拉伯文铜炉

明（1368～1644年）

通高 10.4、口径 14.8 厘米

湖南博物院藏 征集

此炉造型端庄敦厚，外底铭文"正德年制"（1506～1521年），腹部两侧饰阿拉伯文字，意为"财富、恩惠与宽恕""安拉不会废除行善者的报偿"，反映了明武宗朱厚照与伊斯兰教的关系，是研究明代中叶伊斯兰文化与汉文化相互交融、影响的实物资料。正德年间的宫廷器物多饰阿拉伯文，既表达吉祥祈福，又是一种装饰纹样。

腹部铭文

腹部铭文

底部铭文拓片

13 "杨士奇"象首纹铜炉

明（1368 ~ 1644 年）

高 16.1、口径 20.8 厘米

湖南博物院藏　征集

　　腹部饰三象首，扬耳、露牙、卷鼻，寓意"太平吉祥"。外底铭文"宣德十年御赐大学士杨士奇"。宣德十年为 1435 年。

　　杨士奇，江西泰和人，经历惠帝（建文帝朱允炆）、成祖、仁宗、宣宗等诸朝，当国四十一年，因其勤于国事、政绩卓著而名扬天下，为一代名宦。杨士奇逝后追赠太师，谥"文贞"，归葬故里，极为显赫。

14 狮形烛台

明（1368 ~ 1644 年）

通高 24.3、长 22.3 厘米

湖南博物院藏 征集

　　方形座上有一立狮，张口凸眼，毛发曲卷有力，身体与四腿都显瘦长，狮身鞍辔、系铃齐全，背上有突出的圆管状口，作插放蜡烛用。

15 鎏金鸭形铜熏炉

明（1368 ～ 1644 年）

高 17.5、长 13.4 厘米

湖南博物院藏　征集

　　鸭形，有盖，盖与器身以子母口相合，通体鎏金。底座饰水波纹，似昂首站立在河水之中。鸭张口作鸣叫状，口与腹部相通，羽翼和臀部多处镂空，腹内焚香之气可从口、羽翼与臀部的镂空处飘出。

16 人形烛台

明（1368 ～ 1644 年）

通高 22.4、盘径 9.2 厘米

湖南博物院藏　征集

　　此烛台铸成罗汉持宝瓶状。罗汉作单腿状于方形台座上，头顶灯盘，左手置于左膝上，右手上举扶持灯盘。灯盘中心烛台为一葫芦形宝瓶。

第二节　瓶壶类

香花供养

"香花供养"匾额

手捧花瓶的女侍

佛经之中常有"供以香华"之句，"华"通"花"，以瓶、壶插花是宋金元时期供养佛神的普遍方式。常见的三供、五供中的瓶、壶，皆为插花供养之器。多用于宗庙、学宫、寺观等庄严场所，也有供奉于祖先神位之前。如陕西甘泉柳河湾村金墓的东北壁，中有一龛，龛左侧绘有一女侍手捧花瓶，龛上有一匾额题"香花供养"四字，可知香花在彼时庶民祭祀活动中的地位。用于祭祀的花瓶大多高大，一般高于三十厘米。

陕西甘泉县柳河湾村金代明昌七年墓东北壁壁画

三供中的香花供养
南宋　五百罗汉图（局部）
日本京都大德寺藏

书斋赏花

宋人认为："古铜器入土年久，受土气深，以之养花，花色鲜明如枝头，开速而谢迟，或谢则就瓶结实。"因而商周时期盛酒水的铜礼器，如贯耳壶、觚、尊等，因造型小口深腹，皆可用以插花。当时的铜、瓷花瓶，或仿古器，或为胆瓶、四方瓶、八方瓶之形，插花陈设，"为书室中妙品"。在读书之余，赏看"小瓶春色一枝斜"，为平淡的书斋生活增添了几分雅趣。

贯耳壶插花
南宋　铜三供
武汉市博物馆藏　1977 年湖北武汉大东门出土

以铜觚插花
南宋　陈清波　瑶台步月图（局部）
故宫博物院藏

以铜罍插花
元　钱选　西湖吟趣图（局部）
故宫博物院藏

炉瓶三事

　　宋元时期，香炉、花瓶与盛放香料的香盒或放置取香用具的匙盒，常用于供奉与祭祀场合。当时的用香，多为香饼、香丸，盛之用盒，取之以箸、匙。至明代，部分花瓶用以放置取香用的箸、匙，称为"匙瓶"。"斋中用以陈香炉、匙瓶、香合（盒），或放一二卷册，或置清雅玩具，妙甚。"香炉、香盒与匙瓶构成的"炉瓶三事"，常陈设于书斋、厅堂的案几之上，亦是文人雅会的常用之物。如明代杜瑾的《玩古图》，描绘了两位文人在赏玩古铜器，屏风一侧有两侍女，一人在取琴，一人手拿香盒，桌案上摆着香炉与匙瓶。

宋元明三代的匙瓶
左：元 铜瓶、匙 新安沉船出水
中：南宋 铜匙瓶 福州许峻墓出土
右：明 锡匙瓶 北京定陵出土

炉瓶三事

案几上的炉瓶三事
明 佚名 男像轴（局部）
故宫博物院藏

赏玩古铜器
明 杜瑾 玩古图
台北故宫博物院藏

17 蕉叶纹铜觚

宋（960～1279年）

高 18.2、口径 10.2、足径 7.1 厘米

湖南博物院藏 征集

敞口，长颈，颈部饰蕉叶纹，腹部微鼓并有四道扉棱；圈足外撇，有四道扉棱，中间施一周凸弦纹。

18 兽面纹铜觚（两件）

元（1271 ~ 1368 年）

通高 18.2、口径 13.4 厘米

湖南博物院藏　征集

　　敞口，颈部饰蕉叶纹，腹部与足饰兽面纹，腹部兽面纹以扉棱为鼻。此器具有商代早期铜觚的特点，但从纹饰以及表面的锈色等方面看，应是元代产品。

19 鎏金兽面纹铜觚

明（1368～1644 年）

高 28.6、口径 15 厘米

湖南博物院藏 征集

　　方形，敞口，直腹略鼓，圈足，四角有扉棱，颈、腹、圈足上饰兽面纹，通体鎏金。从形制方面看具有商周时期铜觚的特点，从纹饰及鎏金等工艺看具有明清时期的特征。

底部铭文

20 "大明景泰"景泰蓝人物纹觚

明（1368～1644 年）

高 34.2、口径 18.5 厘米

湖南博物院藏 征集

　　敞口，鼓腹，高圈足。觚身装饰掐丝珐琅八仙人物、四个法器与云纹图案。铜胎掐丝珐琅俗称"景泰蓝"，以红铜作胎，将很细的铜扁丝掐成花纹后用药焊于器表，再以随类附彩的方法将珐琅釉料填进丝间经焙烧、打磨、镀金而成。足底有"大明景泰"四字，可能为明末清初仿制。

21 龙纹贯耳铜瓶（两件）

元（1271～1368年）

高18、口径3.3厘米；高18.2、口径3.1厘米

湖南博物院藏 征集

　　直颈较长，腹部扁圆，圈足，颈部两侧有对称的管状贯耳。腹部饰龙纹，以云雷纹为地纹。这类铜瓶多作为成对花器使用。

22 龙耳三足壶形铜器

元（1271～1368 年）

高 24.1、口径 7.9 厘米

湖南博物院藏 征集

　　此器造型奇特，颈部较长，两侧有龙耳錾，下有三兽足。器身饰蕉叶纹、蝉纹、兽面纹等，制工精细，纹饰优美。此壶器底有一圆孔，或为供器或花器。商周以来的壶一般无足，此器有足，改变了壶的形制。同样形制的壶也见于福建南平的宋元时代窖藏，或许是元代兴起的一种铜壶形制。

23 六方形铜瓶

元（1271～1368年）

高 21.6、口径 3.8、足径 5.6 厘米

湖南博物院藏 征集

六方形，长颈，两侧有云朵形耳。器身饰蕉叶纹、毯路纹、菱形几何纹饰等，纹饰细密，线条流畅。毯路纹为宋元时期流行的纹饰。

24 双耳铜方壶

元（1271～1368年）

通高 15.5、口边长 4.8、底边长 5.8 厘米

湖南博物院藏 征集

方形，两侧有铺首衔环，形制与战国汉代的铜钫相似。器身饰四叶纹、兽面纹、钱纹、水波纹等，具有宋元时期的纹饰风格，特别是其中的兽面纹，线条单瘦，缺乏商周时期的庄重。

口沿内壁铭文

25 "元始元年"兽耳铜瓶

明（1368～1644年）

高44、口径14×14.5厘米

湖南博物院藏 征集

瓶身呈扁圆形，两侧有龙形錾。此龙很有特点，身为扁体，背脊明显，四脚紧紧攀附在瓶的颈腹间，翘首回望，圆眼大睁，鼻的两侧有对称的曲须，下颚有疏须，龙爪锋利刚劲，威武凶猛，应是明代龙纹的特点。口沿内壁有仿古铭文"元始元年"。元始（1～5年）是西汉平帝的年号。

第三节　酒水器类

酒水之趣

　　各式铜盆也是古人文房中不可或缺的一类铜器,深者为洗、浅者为盘。其原型或可追溯到两周时期用于沃盥之礼的铜盘,当时盘、盉成组使用,以盉注水盥洗,以盘承接从盉中流出来的水。

　　宋元以降多有各类铜盆的铸造,有圆口与花口两类,以花卉、动物饰之。铜盆、盘除了作为盥洗水器之外,也用于盛酒,或作为酒罐的器座。酒盆与酒勺、酒罐与酒勺相配的景象,常见于宋以后的绘画中。此外,文人还赋予了铜盆别致的用途,置上一盆净水,可在朗月之夜,赏玩明月印象,所谓"羽白风交扇,冰清月映盆"。若盆中铸有鱼纹,随水波轻荡,更有韵味。

酒罐与酒勺,以盘为器座
南宋 宋高宗书孝经马和之绘图(局部)
台北故宫博物院藏

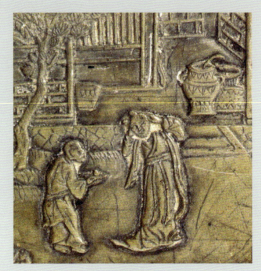

铜罐与勺
清 乾隆 洮河石归去来辞图砚(局部)
故宫博物院藏

酒盆与酒勺
元 钱选 扶醉图(局部)
私人收藏

铜盘映月
明 陈洪绶 摹古册
纽约大都会艺术博物馆藏

器盖铭文

26 鸡首提梁铜盉

明（1368～1644 年）

通高 31.7、口径 15.4 厘米

湖南博物院藏　征集

　　仿自东周铜盉。器身肩部与盖上饰小鸟纹，器腹饰兽面纹，盖上有象形捉手，象背驮瓶。鸡首形流，器底有三个兽首形足。盖内壁有仿商周铭文"白（伯）大师乍（作）旅鎣其万年永宝用"。

器盖铭文

27 "醜"兽面纹铜方罍

明（1368～1644 年）

高 51.4、口径 14.6×11 厘米

湖南博物院藏 征集

　　方形，有盖，盖上饰尖伞形捉手。两侧有錾，錾上有兽首，另两侧和四角有扁薄的扉棱，一侧的下腹部有牛首耳。此器形制具有商周时期的特点，纹饰和装饰风格却是明代手法，这是明清时期铜器工艺的重要特点。器盖内壁有仿古铭文，为"亞"字框内一个"醜"字。

28 "宣德年"海水兽纹铜罐

明（1368～1644 年）

高 18.5、口径 9.9 厘米

湖南博物院藏　征集

　　器腹以海水波浪纹为地纹，间饰浅浮雕海兽
纹饰，其上下饰以两圈莲瓣纹。这类莲瓣纹是明
代瓷器上常见的纹饰，也是断代的重要标识。器
底外壁有铭文"宣德年"。

底部铭文

底部铭文

29 "宣德年制"人物纹三足铜盆

明（1368～1644 年）

通高 14、口径 32 厘米

湖南博物院藏　征集

　　此盆造型很有特点，两耳呈象鼻状，下有三
个象首足，象鼻尖着地。内底有山水人物图案，
器外饰龙纹一周，上下有红白色相间的云纹，器
底外壁有铭文"宣德年制"。

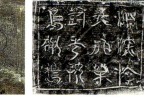

外壁铭文　　　　　铭文拓片

30 双鱼纹铜盘

明（1368～1644年）

高7.5、口径43.8厘米

湖南博物院藏　征集

此盘中饰水草纹，双鱼在其间惬意游动，盘沿饰三童子持花纹，生动而富有生活气息。盘外壁有铭文，待识。

底部铭文拓片

31 "天启四年"水草鱼鸟纹铜盘

明（1368 ～ 1644 年）

高 6.5、口径 30.5 厘米

湖南博物院藏　征集

　　宽沿，壁稍弧，外底微凹。器内底中部饰莲花，上有龙和日月，左右饰鱼纹，下有水草、鸟纹。外底铭文为"天启四年四月秦□，薛士□造"。天启四年为 1624 年。

第四节　乐器类

观听之美

《易经·豫卦》曰："先王以作乐崇德，殷荐于上帝，以配祖考。"乐舞是礼制的一部分，《周礼》曾记载："乃奏黄钟，歌大吕，舞云门，以祀天神。"在祭祀、宴飨与朝聘时，钟、磬等乐器以其宏大的音量和特有的音色交织成肃穆庄丽的音乐，表达了对天地鬼神的敬畏，增强了天子与诸侯的威严。

北宋徽宗崇宁三年（1104 年），在今河南商丘出土了六件"宋公成"钟，因出土地为春秋宋国故地，徽宗认为这是祥瑞之兆，遂设立"大晟府"，重制新乐，铸制几十套"大晟钟"，并于政和三年（1113 年）完成"大晟"新乐。

南宋宁宗嘉定七年（1214 年），观文殿学士、潭州（今长沙）知州、湖南安抚使安丙"请于太常创大成乐"，用于宣圣祭祀的专门乐章自此而成，元、明二代沿用大成乐。与元代由乐工担当乐舞不同，明代以儒生中的乐舞生担当，更为正式端庄。

北宋 "大晟黄钟清"钟
故宫博物院藏

祭祀中的乐舞
南宋 宋高宗书孝经马和之绘图（局部）
台北故宫博物院藏

32 提击铜锣

元（1271 ~ 1368 年）

高 10、面径 37.5 厘米

湖南博物院藏 征集

　　圆盘状，面平，边沿内折，边上有两小孔。锣身有大小之分，小型锣在演奏时左手提锣，右手拿棰击锣；大型锣则须悬挂于锣架上演奏。此锣应为小锣，属于手提击锣类。锣无固定音高，其音响低沉、洪亮而强烈，余音悠长持久。锣在中国的民族乐队中占有非常重要的地位，而且应用范围也很广泛。

33 互击铜钹（两件）

元（1271 ~ 1368 年）

高 10、盘径 40.5 厘米

湖南博物院藏 征集

　　形如圆盘，中央隆起如丸状，中心穿一小孔，以系布缕手持。钹的构造简单，演奏时双手各持一面互击，互击的方式有轻击、重击、磨击、扑击等，产生出不同的音响效果。钹无固定音高，其音响洪亮而强烈，穿透力很强，善于烘托气氛。

器身铭文

34 "嘉靖卅九年"铜钟

明嘉靖三十九年（1560年）

高90、底径68厘米

湖南博物院藏 征集

钟顶部为竹形钮，竹根紧扣钟身。铜钟表面以凸弦纹分隔，行格间铸有铭文"国泰民安""风调雨顺""嘉靖卅九年"等，钲部满铸文字，多为人名。此钟为嘉靖三十九年（1560年）铸造，值得注意的是其后面将此钟文字的编排与匠人名字等都作记录，是研究明代民间铸造铜器的重要资料。

第五节　文房赏玩类

书房情致

　　宋人追求生活情趣与人文意境，深受禅学、理学之影响，焚香、点茶、挂画、插花皆为书斋日常之物，被称为"四般闲事"。琴、棋、投壶等，也是书斋中陶冶心性之物。正如北宋王禹偁的《黄冈竹楼记》写道："宜鼓琴，琴调虚畅；宜咏诗，诗韵清绝；宜围棋，子声丁丁然；宜投壶，矢声铮铮然；皆竹楼之所助也。"

　　台北故宫博物院藏的一幅宋代人物图中，一文人坐于榻上，身侧一侍者奉茶，身后的屏风上挂了一幅画，榻侧的书案上除了书籍之外，还有一张琴。明代唐伯虎的《琴士图》中，桌案上摆着笔筒、水洗、砚台、书籍，还有茶壶、双耳杯与一副茶托盏，桌侧有一童子在煮茶，桌下有插着矢的投壶。琴棋书画，焚香插花，品茗投壶，构成了恬淡素雅的书斋情致。

宋 人物图 台北故宫博物院藏

明 唐寅 琴士图（局部） 台北故宫博物院藏

书室中的高脚家具
宋 会昌九老图（局部）
辽宁省博物馆藏

文房清供

　　"图书一室，香暖垂帘密"。书斋，不仅是宋元明文人士大夫的读书之所，也是他们寄情人生的文化载体。一桌一椅、一屏一几、一琴一棋、一炉一瓶，构成了书斋的简雅之韵。宋代正处于中国家具的变革时期，由低矮家具向高脚家具转变。尺寸的增加带来了空间的变大，书案上放置水滴、笔搁、镇纸、砚台等文房之具，柜架上还可装饰钟鼎彝器、古董清玩等。文人收藏、鉴赏书具文玩，并非仅为把玩，而是欲养心怡性。"文房器具，非玩物等也。古人云：'笔砚精良，人生一乐'。"

书案上的各式文房用具
（传）明 谢环 杏园雅集图（局部）
纽约大都会艺术博物馆藏

元 铜三足蟾水滴
新安沉船出水

元 铜双螭笔架
新安沉船出水

投壶

　　投壶，是中国一种古老的游戏，出现于春秋时期，由射礼发展而来，投壶失败的一方需接受罚酒。早期投壶的造型，与日常使用之壶基本无异。唐代出现了两侧有耳的投壶，自此投壶基本定型。新增的两耳，增加了投壶的乐趣。

　　北宋司马光《投壶新格》云："壶口径三寸，耳径一寸，高一尺。"《经说·投壶》载："耳小于口而赏其用心愈精，遂使耳算倍多，人争偶尔之侥幸，舍中正而贵旁巧。"两耳的口径小于壶口径，因此投入两耳的计分多于壶口。投壶形制的改变，带来了玩法的变化。据记载，宋以前投壶的招式不过四五种，宋代有四十种，明代则达一百四十余种。投壶还传入朝鲜半岛与日本，成为当地较为盛行的游戏。

1983 年韩国发行的印有投壶的纸币

明代的投壶
明 朱瞻基行乐图卷（局部）
故宫博物院藏

汉代的投壶
东汉 投壶画像砖拓片（局部）
河南博物院藏

35 鲤鱼荷叶纹铜镜架

明（1368～1644 年）

高 38、座宽 20.1 厘米

湖南博物院藏　征集

　　造型精美独特，底座为一鲤鱼跳跃于浪花之上，口含长满籽粒的水草，旁边有一螃蟹，两边又各有一莲枝，分别长出莲叶与莲蓬，与水草共同擎起中部有凹槽的花瓣状弧形镜插。镜插与水草连接使用了榫卯结构。

36 铜狻猊

明（1368～1644年）

高33、口径45.6厘米

湖南博物院藏 征集

  狻猊，传说中龙生九子之一，是佛教故事中文殊菩萨的胯下坐骑。形似狮子，喜烟好坐，所以其形象一般出现在香熏或香炉上。此件狻猊双目圆睁，双耳竖立，张口露齿，舌尖上翘，从头至背的鬃毛作齿状竖立，尾巴上翘，有一只小兽站立其上，昂首向天。

底部铭文拓片

37 铜玄武

明（1368～1644年）

残高 11.4、残长 26 厘米

湖南博物院藏　征集

　　玄武是由龟和蛇组成的一种灵物，两汉时期与青龙、白虎、朱雀并为四神，表示季节与方位。玄武象征北方、冬季，又代表二十八星宿中的北方七宿，被古人奉为北方水神。北宋真宗时期，因避讳改玄武为真武。明代真武信仰达到一个高峰。相传朱棣靖难曾获得真武显灵相助，登基之后封真武为"北极镇天真武玄天上帝"。

　　器底有铭文"吉王勅赐湘邑玉池仙山"，此器应为明代吉王赏赐之物。1457年明英宗封第七子朱见浚为吉王。

38 铜牧童骑牛

明（1368 ~ 1644 年）

高 9.2、长 11.6 厘米

湖南博物院藏 征集

　　牧童左手拎着斗笠，右手持荷叶遮阳，水牛作奔走状。体态健硕的水牛与顽皮可爱的小童形成鲜明的对比，反映了江南水乡的牧童放牛的画面。

39 铜鞍马

明（1368 ~ 1644 年）

高 22.3、长 21.7 厘米

湖南博物院藏 征集

　　铜马作行走状，马首偏向一侧，双耳与颈部鬃毛整齐竖立，背部鞍辔、脚蹬齐全，马鞍下有垫片两层，铸造出了皮革质感，垫片上的花纹也清晰可见，马尾呈弧形下垂，马蹄坚实有弹性。

40 山水人物纹铜笔架（两件）

明（1368 ～ 1644 年）

高 10.4、长 15.8 厘米；高 8.3、长 13.6 厘米

湖南博物院藏　征集

　　笔架又称笔格、笔搁，供架笔所用，是文房的常设之物。此组笔架均作山峰形，其中一件利用两边的山峰作龙头和龙尾造型。笔架采用透视的手法，以深山、亭台、洞壑、小桥、流水、人物等为题材，层次分明，具有山水画所追求的神韵，表现出"深山访贤"的文人主题。

局部纹饰

41 骑马人物纹铜方砚

明（1368 ~ 1644 年）

高 10、宽 9.7 厘米

湖南博物院藏 征集

此砚为长方形，下有四足，两长边分别饰三个骑马人物，一端有亭台等，表现出长途跋涉的场景。中国砚台的材质丰富，铜砚始见于魏晋时期，相对于石砚和瓷砚而言，铜砚历代数量并不多。

42 海螺形铜水盂

明（1368 ~ 1644 年）

高 11.7、口径 11×8.9 厘米

湖南博物院藏　征集

　　此水盂为海螺造型，周身饰有八个大小不等的小海螺，其中两个稍大的海螺与尾部构成三足，口沿上部饰莲花、荷叶、一只青蛙与一只乌龟。水盂，又称水丞、砚滴，其主要作用是给砚添水。

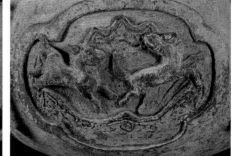

局部纹饰

局部纹饰

43 动物纹铜投壶（两件）

明（1368～1644年）

通高53、口径8.2厘米；通高50、口径7.3厘米

湖南博物院藏 征集

此两壶形制相同，为直颈双耳，鼓腹圈足，扉棱将腹部分为四面；颈上有二龙盘旋，其中一件每面以不同的瑞兽为饰，另一件为四组兽面纹。

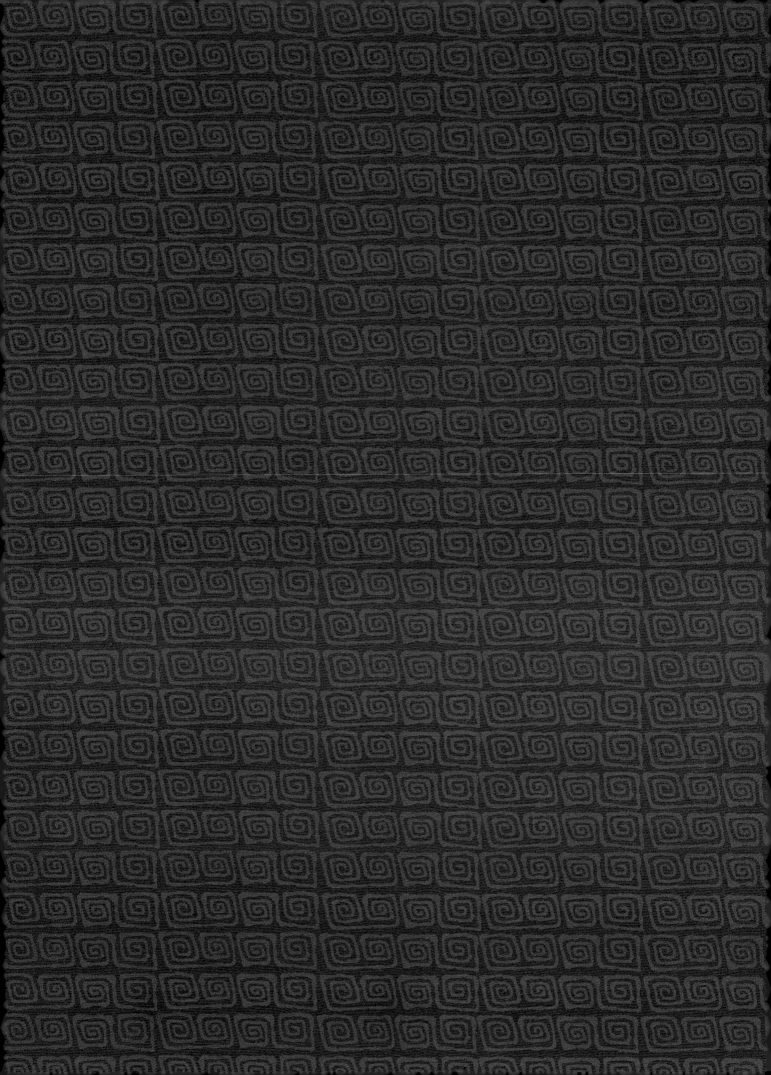

第二单元

崇德报功

——宋元明宗庙与儒学祭器

《左传》云："国之大事，在祀与戎。"祭祀，可"昭孝息民、抚国家、定百姓"。宋元以来，祭祀体系业已完备：有祈愿国泰物饶的天地社稷祭祀、体现孝悌与家国观念的宗庙祭祀、标示天下一统的岳镇海渎祭祀、强调帝王统绪与表彰功德的帝王功臣祭祀、彰显国家意识与儒学地位的宣圣祭祀等。

"万物本乎天，人本乎祖，故为之宗庙，以享祖考，而致其报本之意也。"皇室建立太庙，祭祀祖宗，既向天下臣民展示孝道，又表达家国一体、万世一系的愿望。地方望族在当地设立宗祠，有官爵者甚至有家庙，也有表达孝道、光宗耀祖之意。

宣圣祭祀，即祭祀孔子。孔子名丘，字仲尼。公元前1年，西汉平帝始封孔子为"褒成宣尼公"；唐代追赠孔子为"文宣王"，北宋加谥"至圣文宣王"，自此后人多以"宣圣"尊称孔子；1308年，元武宗加封孔子为"大成至圣文宣王"，为历代之盛；1530年，明嘉靖帝"更正孔庙祀典，定孔子谥号曰'至圣先师孔子'"。天下士子祭祀孔子，除祈愿求得功名外，更有尊崇其德行、酬报其功劳之意。

第一节　宗庙与儒学祭器

家庙祭祀

　　自宋徽宗改革礼制、重铸礼器之后，宋朝皇帝不断赐铜礼器于权臣，作为其家庙祭器。据实物资料与学者研究，李邦彦、秦桧、韩侂胄、史弥远、贾似道等皆得皇帝所赐家庙祭器。及至元明清三代，仍有达官贵胄受赐或自铸铜礼器用于家庙祭祀。

宋　秦桧豆　台北故宫博物院藏

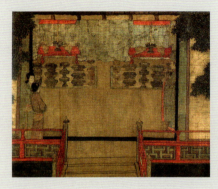

家庙祭祀
南宋　佚名　女孝经图（局部）
故宫博物院藏

秦桧豆铭文："隹（惟）绍兴丙寅贰月己丑，帝命乍（作）豆，赐师臣侩家庙，以荐菹醢，隹（惟）予永用享。"

文庙

　　"学校之设，自德行、艺制而外，莫重于先师之祀典。"除山东曲阜孔子故里有孔庙外，唐宋以来，京师太学与地方府、州、县学与书院均设有文庙祭祀孔子，形成了"由学尊庙，因庙表学"的庙学合一的制度。至明代，庙学建筑基本形成了"左庙右学"或"前庙后学"的建筑格局。庙的正殿为大成殿，或称先师庙，祭祀孔子、四圣与十哲，正殿两侧为祭祀先贤先儒的东西庑；学的正堂为明伦堂，亦称彝伦堂，为讲经、授学、弘道之所。

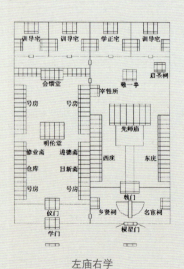

左庙右学
明代河南归德府学平面格局示意图

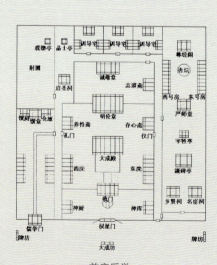

前庙后学
明代河南许州学平面格局示意图

引自周瑛：《明代河南府、州、县庙学建筑平面与规制探析》，《中国建筑史论汇刊（第叁辑）》，清华大学出版社，2010年

宣圣祭祀

除祭祀孔子外，文庙还随祀历代官方认可的儒家圣贤，形成"配享""配祀"与"从祀"三个等级。配享有四人，为颜渊、曾参、孔伋、孟轲。配祀为"十哲"，皆为孔子弟子。孔子与四圣、十哲皆位于正殿，孔子坐北朝南，四圣与十哲分列东西两侧、相向而立。从祀为"先贤""先儒"，为历代有功于儒学发展的学者，位于正殿两侧的东、西二庑。

传为南宋朱熹所著的《绍熙州县释奠仪图》，详尽规定了宣圣祭祀的祭品、祭器、礼仪程序等，其宗旨为元、明二代所继承。其中的祭器可能参考了《宣和博古图》的图样，原型应为商周铜器。一般而言，笾盛肉脯、果实，豆盛肉酱、菜酱，簠盛黍、稷，簋盛稻、粱，尊、爵盛酒，洗、罍盛水。

《绍熙州县释奠仪图》绘制的笾
笾：古代用竹编成的食器，形状如豆，祭祀
燕享时用来盛果实、干肉，亦有仿竹铜笾

明"成化十九年"铜笾
故宫博物院藏

《绍熙州县释奠仪图》部分祭器与商周铜器造型对比

祭器名称	祭器形制	商周铜器造型
豆		春秋早期 "曾仲斿父"铺 湖北省博物馆藏
簠		春秋早期 "子季嬴青"簠 湖北省博物馆藏

祭器名称	祭器形制	商周铜器造型
簋		春秋早期 窃曲纹簋 河南潢川县文化馆藏
牺尊		战国中期 貊尊 河北省文物研究所藏
象尊		商代晚期 象尊 美国佛利尔美术馆藏
山尊		商代晚期 "子渔"尊 中国社会科学院考古研究所藏
壶尊		西周中期 "对"罍 陕西凤翔县文化馆藏
爵		西周早期 凤鸟纹爵 故宫博物院藏
罍		商代中期 兽面纹罍 陕西城固县文化馆藏

　　明代的儒学祭器虽有简化之趋势，祭祀礼数之隆重超越前代。据万历年间的《明会典·先师孔子》记载，其具体程序分为斋戒、传制（遣官代表皇帝祭祀）、省牲（检查祭祀所用的猪、牛、羊等牺牲）、陈设、正祭、祝文、分献官仪注、乐章等八个步骤。

自明朝始，祭祀用的仿古铜器，渐被日用的瓷质器皿所代替，祭器名称仍存，但造型改变。洪武元年（1368 年），太祖朱元璋曾言道："近世泥古，好用古笾豆之属，以祭其先。生既不用，死而用之，甚无谓也。孔子曰：'事死如事生，事亡如事存。'其制宗庙器用服御，皆如事生之仪。"对祭器仿古提出了质疑。洪武三年（1370 年），"凡祭器皆用瓷，其式仿古簠、簋、登、豆，惟笾以竹。"祭器改以瓷质，但仍为仿古之形。始纂于弘治十年（1497 年）的《大明会典》："登、铏以磁碗代，簠、簋、笾、豆以磁盘代。"祭器改为当时的瓷器。

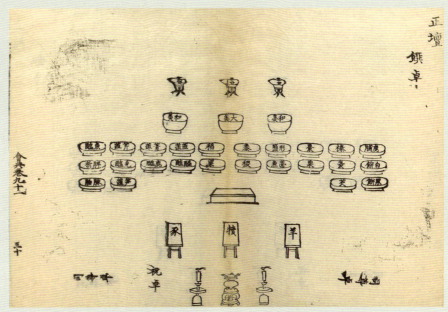

除爵之外，其余祭器皆为当时日用的盘类器皿
明代祭祀孔子的礼器 《大明会典》卷九十一

时代	登	笾	豆	簠	簋	爵	太尊	著尊	牺尊	山尊	象尊	铏	酒尊
南宋《绍熙州县释奠仪图》祭器	无	10	10	2	2	正殿未见	2	正殿下有 2	4	2	4	无	无
明洪武四年（1371 年）祭器	1	10	10	2	2	3	0	0	1	1	1	2	3

宋、明两代宣圣祭祀中孔子所用祭器数量对比

腹部铭文　　　　　　底部铭文

44 兽面纹鬲式铜炉

元（1271 ~ 1368 年）

高 13、口径 19.5 厘米

湖南博物院藏　征集

　　圆口，窄沿，圆鼓腹，三矮柱足。腹部饰变形的夔龙纹，以云雷纹衬地，上下以弦纹带相隔，腹中部至裆处铸"□□路儒学新铸""达鲁花赤"等铭文。底部有莲花形纹饰，正中铸一"宝"字。

底部铭文

45 兽面纹方形铜炉

元（1271～1368年）

高 11.8、口径 15.4×17.5 厘米

湖南博物院藏　征集

方形，器身饰兽面纹，四角饰扉棱，衔环耳，曲尺形圈足。器底外壁有"长沙赵□□作"六字铭文。

内底铭文　　　外底铭文

46 "天临赵府"窃曲纹铜盨

元（1271 ～ 1368 年）

高 12.2、口长 21.4 厘米

湖南博物院藏 征集

　　西周时期此类器型自名为"盨"，宋元两代不识，误名为"簋"。器为椭圆形，口稍敛，花边形足，两侧有兽形耳，口沿外饰窃曲纹与简化牺首。原应有盖，盖上一般有四个矩形钮，仰置时成为带四足的盛食器。器内底铭文"钦州路灵山县儒学祭器，至元己卯岁仲夏吉日置"，外底铭文"天临赵府""李景深造"。元至元己卯岁为 1339 年。

　　元代灵山县属湖广行省海北南道钦州路。元代长沙原称潭州路，1323 年，泰定帝召图帖睦尔于海南琼州（今海口）北上，至潭州又命其暂停；1328 年泰定帝死后，图帖睦尔登基称帝，是为元文宗；天历二年（1329 年）四月将长沙改为天临路。

47 夔龙纹铜豆

明（1368～1644年）

高 12.4、口径 13.8 厘米

湖南博物院藏 征集

浅盘，直柄，圈足。器腹及圈足上饰变形夔龙纹。

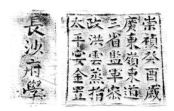

器柄铭文拓片

48 "长沙府学"铜豆（三件）

明（1368 ~ 1644 年）

高 11.5、口径 11.8 厘米

湖南博物院藏 征集

此组豆为盆形器身，圆柱柄，下为圈足。柄上有"长沙府学""崇祯癸酉岁广东岭东道三省监军参政洪云蒸捐太平宴金置"等铭文，明崇祯癸酉为 1633 年。

洪云蒸，字化卿，号紫云，湖南攸县漕泊人，明万历进士，好王守仁的心学，曾于攸县创建金仙书院，传播"良知"之学。明清时期，科举考试分三级，一级为秀才，经过县学与府学考试，合格的人成为秀才。县学与府学是秀才学习的地方。

器柄铭文拓片

49　"洪氏祠堂"铜豆（三件）

明（1368～1644 年）

高 11.5、口径 11.8 厘米

湖南博物院藏　征集

　　此组豆为盆形器身，圆柱柄，下为圈足。柄上有铭文"洪氏祠堂""崇祯癸酉岁广东分守道三省监军恭政嗣孙云蒸捐太平宴金置"。明崇祯癸酉为 1633 年。

　　洪云蒸任广州知府期间，整顿税收、平义粮仓、清理积案、严惩贪官，使社会秩序好转、人心安定，显示出他的治理才能，也体现了他"致良知""知行合一"的主张。因其政绩显赫，被提升为两广都察史。朝廷赐给太平宴赤白金，他因此置祭器三套，分存长沙文庙、攸县文庙、漕泊洪氏家庙。

铭文拓片

50 "祁阳县儒学"海水纹铜器（两件）

元（1271 ~ 1368 年）

高 2.9、内口径 9.3 厘米

湖南博物院藏 征集

　　器座呈方形，直边，中部有一圆孔，应是某器的器座。器表饰水波纹，一侧有铭文"祁阳县儒学祭器，达鲁花赤亦憐（怜）□□进义、提调官□□王承直、主簿崔□仕、典史焦友谅、教谕陈时升，至元后四年戊寅秋志"。至元后四年为 1339 年。

　　此类器座可能为铜豆座。南宋《绍熙州县释奠仪图》中的"坫"，形制与此类器座相近，坫为豆、爵等礼器的器座。

51 "淮安县儒学"兽面纹铜爵

元（1271～1368 年）

高 24.5 厘米

湖南博物院藏　征集

　　口沿中部收缩处立柱，直腹圆底，三足，一侧有鋬，腹部饰兽面纹。流下有铭文"监郡忽里台、太守共柱海弥□、教授李尊宪、学正王崇德、学录张思敏，至正庚寅岁淮安县儒学"。至正庚寅岁为 1351 年。

流部铭文

流部铭文拓片

52 兽面纹铜爵

明（1368～1644 年）

通高 40.4、流长 24.8 厘米

湖南博物院藏　征集

　　器形高大，伞形立柱，龙首鋬，腹部饰兽面纹，具有商周时期铜爵的特点。此爵造型庄重大气，纹饰线条犀利，可能是明代大户人家的宗庙祭器。

53 铜象尊

元（1271 ~ 1368 年）

通高 32.7、口径 3.6 厘米

湖南博物院藏　征集

　　象站立，长鼻向后卷曲，牙尖细，背上有圆形口，有盖，盖作圆筒状，顶有捉手，尾下垂，胸部有带状饰。

54 铜牺尊

元（1271～1368年）

高 31.5、长 36.5 厘米

湖南博物院藏　征集

作站立状，昂首嘴微张，双耳竖立，背微下凹，背部开椭圆形口，盖已失。这类牺尊流行于宋元明时期，为仿古祭祀铜器，各地出土和海内外传世皆有。

55 "崇祯癸酉"铜牺尊

明（1368～1644年）

高 34.3、长 10.1、宽 8.6 厘米

湖南博物院藏　征集

呈站立状的牛形，背部开圆形口，口边上凸，一侧前后肘部有长方形加厚，前肘部有铭文"崇祯癸酉岁"，后肘部有铭文"陈口菴"。崇祯癸酉为1633年。

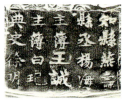

肩部铭文拓片

56 "成化辛卯"兽面纹铜罍

明（1368 ~ 1644 年）

高 26.1、口径 16.6 厘米

湖南博物院藏 征集

　　直口，鼓腹，平底，肩腹部有两个牛首衔环，腹部饰兽面纹，肩部有铭文"知县燕寿、县丞杨海、主簿王诚、主簿白玘、典史徐明"与"教谕徐绥、训导陈安、训导郭鈜"；下腹部有铭文"成化辛卯岁造"，成化辛卯岁为 1471 年。应是某县铸造的儒学祭器。

底部铭文拓片

57 "吴勉学铸"芙蓉花形铜碗

明（1368 ～ 1644 年）

高 13.5、口径 19.4 厘米

湖南博物院藏　征集

　　花瓣形口，下有圈足，器底外壁有铭文"万历壬寅，菊月之吉，裔孙吴勉学铸供大宗祠禴祀蒸尝，宜尔子孙永保享用"。万历壬寅为 1602 年。

　　吴勉学，官至光禄署丞，后弃官专事刻书，为徽州府著名刻坊"师古斋"主人。明代日常用器已取代部分仿古礼器成为祭器。

58 "大晟黄钟清"铜钟

宋（960～1279 年）

残高 25、舞修 16.5、舞广 14.5 厘米

湖南博物院藏 征集

　　钲部正面刻"大晟"二字，背面刻"黄钟清"三字，形制仿先秦宋公成器，钮残，据其他尚存大晟铜钟分析，应为双龙形钮。

　　此钟为宋徽宗年间（1101～1125 年）大晟府乐器大晟编钟之一。大晟编钟一套共 28 件，正声 12 件，中声 12 件，清声 4 件（其中黄钟、大吕、太簇、夹钟各 1 件）。此钟名"黄钟清"，应为清声之一，是研究宋代铜器工艺的重要资料。

舞部铭文拓片

59 "衡州路儒学"铜镈钟

元（1271 ～ 1368 年）

残高 20.9、舞修 15.1、舞广 12 厘米

湖南博物院藏 征集

钮缺，钟体合瓦形，置螺形枚 36 个。舞部有铭文"衡州路儒学大成乐器，至元己卯孟夏吉日置"。元代有两个至元己卯年，一是元世祖至元十六年（1279 年），另一是元顺帝至元五年（1339 年）。世祖至元十六年天下未平，无暇注意礼乐教化，此钟应为顺帝至元五年铸造。

钲部铭文

60 "杭州府学"铜镈钟

明（1368～1644 年）

通高 23.6、口径 16 厘米

湖南博物院藏　征集

　　钟体略呈圆形，钟面以阳线框隔，有圆锥枚 36 个。四面钲间有铭文"杭州府学""万历甲辰仲秋上丁之吉""文庙乐器大昌""乐师潘中孚按律重修"。明万历甲辰为 1605 年。从铭文可知明代的文庙乐器必须保持完整，若有损坏就要按照乐律进行重修。

第二节　文靖书院

　　文靖书院，位于湖南浏阳。北宋绍圣（1094～1098年）初年，杨时（号龟山）任浏阳知县，曾与士人讲学于城南，后人因建书院于向阳门内西街，以其谥号"文靖"为名，并建龟山祠祀之。宋末废。元朝至元三十年（1293年）修复文靖书院，聘隐居17年之久的欧阳龙生为山长，招诸生讲学其中。明成化间，改为龟山祠，书院遂废。

　　从宋代开始，许多书院把本学派的创始人或与该书院有着密切关系的重要人物加以供祀，既可提高书院的地位，又能表明书院的学派特色与学术标向。因此，文靖书院供奉祭祀杨时，也在情理之中。

　　杨时（1053～1135年），宋代学者。历任浏阳、余杭、萧山知县及荆州教授、工部侍郎，以龙图阁直学士专事著述讲学。晚年隐居龟山，学者称龟山先生。先后学于程颢、程颐，同游酢、吕大临、谢良佐并称程门四大弟子。湖湘学派创始人胡宏曾求学于杨时。明朝弘治八年（1495年），追封杨时为将乐伯，从祀孔庙。

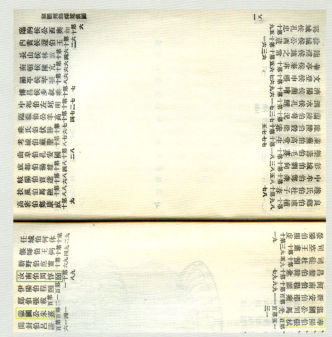

南宋《绍熙州县释奠仪图》（商务印书馆，1939年）
湖南人周敦颐与曾任教于湖南的朱熹从祀西庑，湖湘学派代表人物张栻从祀东庑

明《大明会典》中从祀文庙、与湖南有关的部分先儒

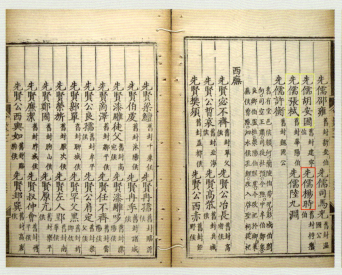

东庑从祀
杨时与湖湘学派创始人胡安国、张栻

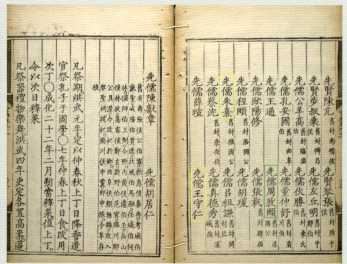

西庑从祀
湖南人周敦颐，曾讲学于湖南的朱熹、王守仁（王阳明）

尾部铭文

61 "文靖书院"兽面纹铜爵

元（1271～1368年）

通高 23、流尾通长 17.5 厘米

衡阳市博物馆藏　征集

口沿近流处有伞状立柱，一侧有兽首鋬，器腹饰兽面纹，器尾下有铭文"大德乙巳文靖书院"。元大德乙巳为 1305 年。

尾部铭文　　　局部纹饰

62 "文靖书院"兽面纹铜爵

元（1271～1368年）

通高 22、流尾通长 7.5 厘米

衡阳市博物馆藏　征集

口沿近流处有伞状立柱，一侧有兽首鋬，器腹饰兽面纹，器尾下有铭文"皇庆壬子冬文靖书院造"。元皇庆壬子为 1312 年。

盖内和内底铭文

63 "文靖书院"兽目纹铜簋（四件）

元（1271～1368年）

通高 23、口径 29.1×24 厘米

湖南博物院藏 征集

　　长方形，盖和器身相同，有连续起伏的花边形圈足与捉手，器盖与器腹饰波曲纹与重环纹，盖顶与外底饰兽目纹。器盖和器底内壁有铭文："大元大德乙巳四月贰日丙午，潭州路浏阳州文靖书院之宝始供祀吏铣山修司其永保用。"元大德乙巳年为 1305 年。

盖表和外底铭文

64 "文靖书院"窃曲纹铜盨（三件）

元（1271 ~ 1368 年）

通高 15.6、口径 23.5×17.3 厘米

湖南博物院藏 征集

西周时期此类器型自名为"盨"，宋元两代不识，误名为"簋"。曲尺形圈足，两侧无耳，器盖与器身饰一周窃曲纹。器盖和器底外壁有铭文："大元大德乙巳四月贰日丙午，潭州路浏阳州文靖书院之宝始供祀吏铣山修司其永保用。"元大德乙巳年为 1305 年。

底部铭文

65 "文靖书院"窃曲纹铜簋（两件）

元（1271～1368年）

通高 12.8、口径 22.5×17 厘米

湖南博物院藏 征集

　　西周时期此类器型自名为"簋"，宋元两代不识，误名为"簋"。花边形圈足，两侧有兽首形耳，口沿下饰一周窃曲纹。器内底有铭文："大元大德乙巳四月贰日丙午，潭州路浏阳州文靖书院之宝始供祀吏铣山修司其永保用。"元大德乙巳年为1305年。

盘内铭文拓片

66 "文靖书院"铜豆（两件）

元（1271～1368 年）

通高 21.6、盖径 15.5 厘米

湖南博物院藏　征集

　　由盖、器身和圈足三部分组成，器身浅盘；底内空，有圆形缺口；喇叭状镂空圈足。盘内底有铭文："大元大德乙巳四月贰日丙午，潭州路浏阳州文靖书院之宝始供祀吏铣山修司其永保用。"元大德乙巳年为 1305 年。

67 "文靖书院"铜器座

元（1271 ～ 1368 年）

高 2、长 25.5、宽 25 厘米

衡阳市博物馆藏 征集

　　方形，中部圆形下凹，座边一周铭文为："大元大德乙巳四月贰日丙午，潭州路浏阳州文靖书院之宝始供祀吏铣山修司其永保用。"此器铭文与"文靖书院"铜豆相同，可能为铜豆底座。

器座铭文

器足局部　　颈腹部铭文

68　"文靖书院"兽面纹铜炉

元（1271～1368 年）

通高 35、口径 20 厘米

衡阳市博物馆藏　征集

直口鼓腹，附耳，兽形足，底部有一圆孔。腹部装饰兽面纹，以雷纹为地。颈腹部一侧有铭文"文靖书院置龟山先生前公用"。龟山先生为杨时。

肩部铭文　　　　腹部铭文

69 "文靖书院"兽面纹铜壶

元（1271～1368 年）

通高 40、口径 11、足径 15.2 厘米

衡阳市博物馆藏　征集

　　壶以肩部为界，分上下两段。颈部两侧有兽首耳衔环。腹部饰兽面纹，以雷纹为地。肩部铭文"文靖书院龟山先生前公用置"，腹部铭文"□书广业同吏任宗□□□□□长梁可绍"。龟山先生为杨时。

肩部铭文　　　　腹部铭文

70 "文靖书院"兽面纹铜壶

元（1271～1368 年）

通高 39.5、口径 11.2、足径 15.5 厘米

衡阳市博物馆藏　征集

　　壶以肩部为界，分上下两段。颈部两侧有兽首耳衔环。腹部饰兽面纹，以雷纹为地。肩部铭文"文靖书院龟山先生前公用置"，腹部铭文"泰定丙寅四月置提调司使林□□"。元泰定丙寅为1326 年。龟山先生为杨时。这两件铜壶与"文靖书院"兽面纹铜炉应为"一炉二瓶"的三供组合。

【拓展阅读】

元代书院

　　书院，一般由私人创办或主持，多数得到朝廷与地方官府的鼓励和资助，或赐名、赐匾额、赐书；或赐银、拨田产作为办学费用。书院多为名师大儒聚徒讲学发展而来，主办者或主持者以书院为基地，研究或传布自己的学术心得与研究成果。

　　元世祖忽必烈鉴于"武功迭兴，文治多缺"，推行汉化文教政策，提倡尊孔崇儒，创建与修复各府、州、县的官学与书院，以致"书院之设莫盛于元"。元朝廷不仅鼓励私人办学、名儒讲学，还资助经费、使书院享受官学的费用待遇，同时为书院委派山长、选任主讲。

元代宣圣祭祀

　　元朝廷以法令规定的宣圣祭祀制度，包括春秋祭丁、朔望祭祀，还有非固定的殿谒或庙谒，这些制度均被明、清二代继承：1. 春秋祭丁是在每年的春秋二仲月（农历二、八月）的上丁日举行的祭祀孔子的活动，规模大、人员多、仪式隆重；2. 朔望祭祀是每月朔（初一）、望（十五）日在文庙举行的祭祀、讲经等活动，讲经即学官讲说经义，并考核儒生；3. 当本地发生大事时，如新官上任、学校修建等，官员一般与学官、儒学生员拜谒文庙，这种祭祀活动称为殿谒或庙谒。

　　元代宣圣祭祀的费用要高于社稷、风雨雷师等。据史载：大德九年（1305 年）宣圣祭祀费用为中统钞一定（即五十两），社稷为中统钞三十两，风雨雷师为二十五两；延祐四年（1317 年），宣圣祭祀费用增至二定，社稷为一定一十两，风雨雷师为一定。

标红线处文字：
⊡圣文宣王
宣圣春秋二祭每祭为
元（原）降中统钞壹定
今次添钞壹定通作⊡ ⊡

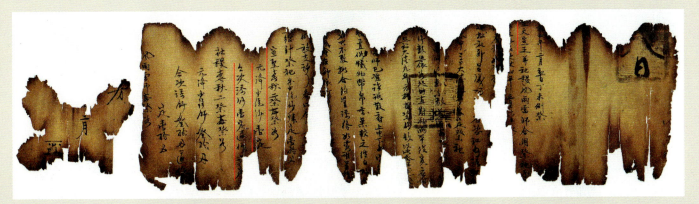

元代"亦集乃支路祭祀文书"《中国藏黑水城汉文文献》F116:W91

其他地区的宋元明儒学祭器

宋 "皇宋湖学府尊" 铜牺尊
湖州博物馆藏 1964 年湖州龙溪（安定书院段）疏浚时出土

卷鼻，双耳斜竖，身躯肥硕，尾巴下垂。背上有桃形盖，寓"桃李满天下"之意。腹底有长方形孔，置盖板，盖上有"皇宋湖学府尊"铭文。

元 "通州儒学置" 铜簠
南通博物苑藏

簠有器身和盖，上下合一。此簠缺盖，器身略呈长方形，口沿外侈，腹部下收，底部有矩形短足。器身内部刻有铭文"至正壬寅春通州儒学置"。

元 "全宁路文庙" 铜爵
内蒙古喀喇沁旗博物馆藏

爵上饰兽面纹，以回纹为地，爵柱上饰云纹。流口背面铸有文字，共三行二十一字："皇姊大长公主施财铸造祭器永充全宁路文庙内用"。该铜爵是大长公主祥哥剌吉敬奉全宁路文庙的祭器。

　　1987年四川大竹县川竹乡梯子村发现一个明代窖藏，出土各式铜器143件、锡器3件，其中铭文铜爵121件，铜炉15件。部分器物有"弘治乙丑知大竹县洮阳刘永成造"的铭文，"弘治乙丑"，即弘治十八年，公元1505年。据器物铭文得知，铜器主要为儒学祭器。其中有：

祭 祀 孔 子：　"正殿"爵、"正殿登"炉、"正殿鉶"炉；
祭 祀 四 配：　"东配"爵、"西配"爵；
　　　　　　　"颜登"炉、"颜鉶"炉（颜回）；
　　　　　　　"曾登"炉、"曾鉶"炉（曾参）；
　　　　　　　"思登"炉、"思鉶"炉（孔伋，即子思）；
　　　　　　　"孟登"炉、"孟鉶"炉（孟轲）；
祭 祀 十 哲：　"东哲"爵、"西哲"爵、"西哲镔"炉；
祭祀先贤先儒：　"东庑"爵、"西庑"爵。

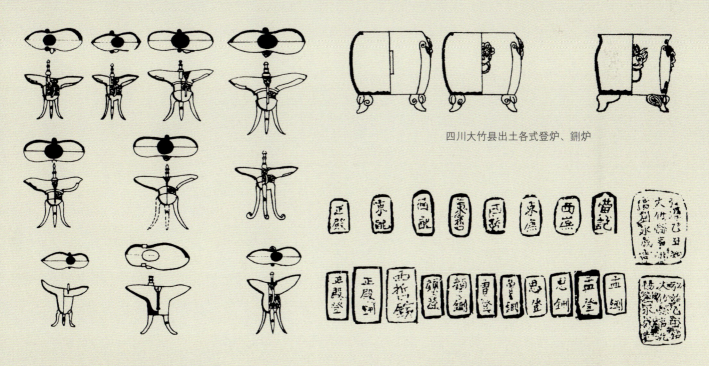

四川大竹县出土各式登炉、鉶炉

四川大竹县出土各式铜爵　　　　　　　四川大竹县出土铜器上的铭文

杨时人物关系网

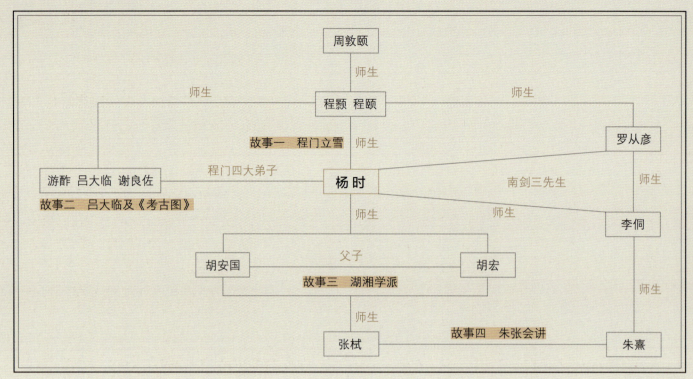

杨时主要关系图

主要人物

周敦颐 道州营道人（今湖南道县），北宋文学家、理学家，著有《太极图说》《通书》《爱莲说》等，程颢、程颐二人为其弟子。熙宁六年（1073年），周敦颐去世，宋神宗赐谥"元"，人称"元公"。

程颢 程颐 河南府洛阳人（今河南洛阳），北宋理学家、教育家，同为北宋理学奠基者，世称"二程"。"二程"曾受教于周敦颐，其思想及学说后被南宋朱熹继承发展，称为"程朱理学"，并成为中国封建社会后期的官方统治思想。

南剑三先生 指北宋末南宋初期的理学家杨时、罗从彦、李侗三人，均为南剑人（今福建南平），故称南剑三先生。其中，杨时、罗从彦受教于二程，而李侗拜杨时、罗从彦为师。

胡安国 建宁崇安人（今福建武夷山），两宋时期经学家、理学家、政治家。早年拜杨时为师，后与其子胡宏于湖南湘潭共同创建碧泉书院，培养大批学者，开创"湖湘学派"。

胡 宏 胡安国之子，建宁崇安人（今福建武夷山），两宋之际理学家，自幼学于其父胡安国，后受教于杨时。与其父同为"湖湘学派"开创者。

张 栻 南宋理学家、教育家。先后问学于其父张浚、胡宏，并在城南书院、岳麓书院等地讲学，培养大批学者，是湖湘学派的代表人物和集大成者。

朱 熹 南宋理学家、思想家、政治家，是"南剑三先生"之一李侗的学生，也是儒家思想集大成者，其思想与"二程"学说合称为"程朱理学"。著有《四书章句集注》《太极图说解》等，其中《四书章句集注》成为后世科举考试的标准。

相关故事

故事一　程门立雪

　　杨时 40 岁时，与游酢赴洛阳拜见程颐，程颐正在瞑坐，二人侍立一旁没有离开，等到程颐醒来，门外雪深已达一尺，这就是成语"程门立雪"的由来。

故事二　吕大临及《考古图》

　　吕大临，汲郡人（今河南卫辉），北宋哲学家、金石学家、教育家，为程门四大弟子之一。著有《考古图》，该书系统地著录了当时宫廷和私家收藏的古代铜器、玉器，在中国金石学发展史上占有重要地位。2006 年，陕西省考古研究院等单位对陕西省蓝田县北宋吕氏家族墓地进行了考古发掘，发掘出土的各类文物为研究吕氏家族源流、吕大临生卒年以及宋代墓葬制度、社会生活等提供了丰富的实物资料。

故事三　湖湘学派

岳麓书院大门 1980 年代修复完成

　　湖南书院始盛于宋，长沙的岳麓书院与衡阳的石鼓书院，皆为宋初"天下四书院"之一。据统计，两宋时期湖南书院有 56 所，元代有 33 所，明代有 108 所，均居全国前列。

　　宋元明三代，湖南人文荟萃。道县的周敦颐，乃北宋理学家，程颢、程颐（"二程"）以师礼事之，其作《爱莲说》中的"出淤泥而不染，濯清涟而不妖"为后世君子的处世箴言。

　　南宋时，胡安国、胡宏父子，以及弟子张栻在湖南创建书院、传授"二程"理学，"卒开湖湘之学统"。张栻邀朱熹"岳麓会讲"、辩论学问，二人先后传学于岳麓书院。南宋陈傅良曾讲学于岳麓书院，传授事功实学，其宗旨"言之必使可行，足以开物成务"，主张学以致用、做事建功。明代，王阳明于长沙、衡山讲良知之学，是他倡导心学的开始。明清之际，衡阳学者王夫之集众家之所长，倡导经世致用。

　　至此，湖湘学派融理学、实学、心学三家之长，主"实学实用""经世致用"之学，自成一家而名于世。在此学风影响之下，魏源、曾国藩、左宗棠、谭嗣同等湖湘巨子，传播西学、开办洋务、维新变法，开近世湘人救亡图存之先河。清嘉庆年间题于岳麓书院山门、引自《左传》与《论语》的楹联"惟楚有才，于斯为盛"，可谓湖湘学派最佳之注解。

故事四　朱张会讲

　　南宋乾道三年（1167 年），朱熹自福建崇安前往长沙岳麓书院访问张栻，与张栻等湖湘学者进行了长达一个多月的讲学论道。"朱张会讲"使岳麓书院成为首开会讲、自由讲学之风的书院，由此开启了湖湘学派与闽学的交流，对两派学术思想的发展产生了重要影响，也为后来的学术交流与交往提供了典范。

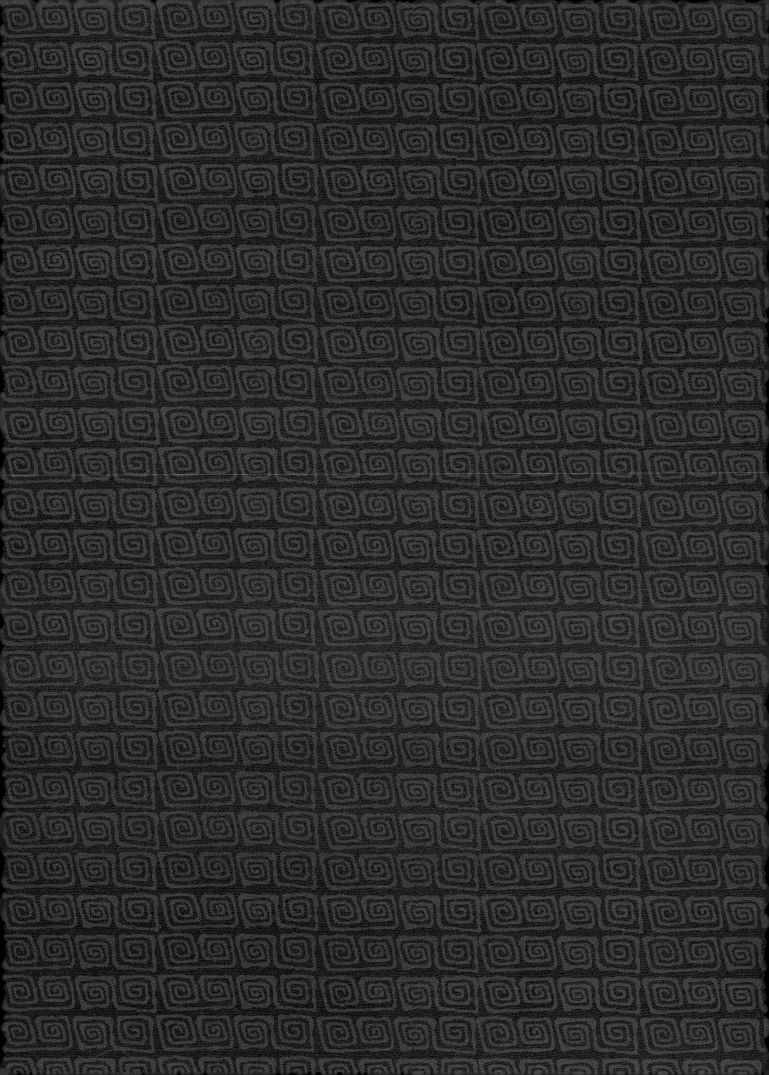

新造奢华

——宋元明金银器

自夏商两代开始，中国就已有作为附属装饰的金制品；至战国，不仅有了用于青铜器装饰的错金、错银工艺，还有了金、银带钩等独立器件，甚至出现了金盏、银盘、银匜等器皿。

南北朝以前，金、银的使用较为少见。战国时楚国有货币金版，汉代有用于赏赐的马蹄金、麟趾金，各代亦有偶见的金银货币。除此之外，金、银大多通过某种工艺装饰于铜器等器皿之上，如错金、错银、鎏金等。

南北朝时期偶见金银器皿，但很少是本土制作，多为舶来品，来自丝绸之路沿线惯用金银的国家。隋唐时，受西域胡风影响，金银器皿的制作颇为发达。使用者或为皇室贵胄，或为权要显宦，且多为官作。其造型与纹饰，早期颇具异域之风，后来逐渐与本土风格结合。

两宋是金银器不断演变、逐渐定型的时代，中土化风格即形成于此时，元明清多承袭两宋之风格。其造型与当时的瓷器、玉器等多有相似共通之处；纹饰设计或取材于传说故事，或得自绘画，或仿古等，在此基础上复以巧思出新。此外，金银器的制作与使用，从官作走向民造，从上流社会延伸至市井街巷。南宋吴自牧《梦粱录》"酒肆"载："杭都如康、沈、施厨等酒楼点，及荐桥丰禾坊王家酒店、暗门外郑厨分茶酒肆，俱用全桌银器沽卖，更有碗头店一二处，亦有银台碗沽卖。"

第一节　杯盏类

酒盏与酒杯

　　宋元杯盏，用途有茶、酒之分，质地有金、银、铜、瓷乃至玛瑙、玻璃等。茶盏多为敞口，部分为直口，盏托多有深腹以置茶盏。盛酒则用台盏或盘盏。酒盏有直口与敞口，酒台子形如托盘，然盘盏心突起圆台，酒杯置于圆台上，常成套使用，合称"台盏"，南宋程大昌《演繁露》认为"台盏亦始于盏托"。

南宋　鎏金银盏托（茶盏的盏托）
福建福州茶园山许峻墓出土
福建博物院藏

宋　黑釉油滴盏及托（茶盏及托）
日本龙光院藏

宋　菊瓣纹台盏（酒盏及台）
杭州西湖出水
浙江省博物馆藏

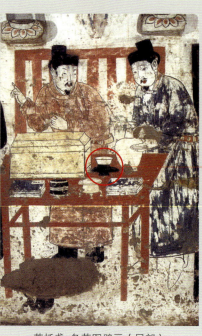

茶托盏　备茶图壁画（局部）
辽天庆六年（1116年，即北宋徽宗政和六年）
河北宣化下八里1号张世卿墓出土

　　宴饮时除了每人一副台盏或盘盏外，还有若干用于劝酒的酒盏或酒杯，这类杯盏并非每人一副。劝盏与劝杯的主要样式，如各种花式盏、酒船、瓜杯、教子升天杯等，宋代已经出现，而为元代所继承，并又发展出高足杯。教子升天杯，即湖南临澧县柏枝乡出土的龙纹银托盏，杯外部有一对环绕杯身的螭龙，龙头腾起。据清代姜绍书《韵石斋笔谈》载："宋宣和御府所藏玉盃三，其一内外莹洁，绝无纤瑕，盃口耸出螭头，小螭乘云而起，夭矫如生，名'教子升天'，真神物也。"

宋末元初　龙纹银托盏一副（教子升天杯）
湖南临澧县柏枝乡出土
湖南博物院藏

元　寿字纹单耳金瓜杯
湖南临澧新合窖藏出土

元　银船盘盏一副
湖南澧县南乡出土

元代的劝盏与劝杯

花式盏

宋人追求自然之韵，赏花、插花与盆供等风行一时，各类花形成为金银盘盏造型的重要来源。宋徽宗《宣和宫词》云："十花金盏劝仙娥，乘兴追欢酒量过。烛影四围深夜里，分明红玉醉颜酡。"此处的"十"，可以是实指，也可以是概指，即花式不同却风格一致的一套酒盏。这些花形杯、盏、盘等器皿造型丰富，有莲花、梅花、菊花、桃、瓜棱、栀子、芙蓉花、葵花等象生样式。

黄菊花

南宋 菊花金盏
彭州市博物馆藏 彭州金银器窖藏出土

宋 佚名 蜀葵图
上海博物馆藏

南宋 葵花形银盏
彭州市博物馆藏 彭州金银器窖藏出土

南宋 鎏金梅梢月纹银盏
福建邵武窖藏出土

元 梅梢月纹银盘
湖南涟源桥头河镇窖藏出土

宋元时期的梅花形盘、盏流行有一种装饰题材，一树梅花环绕器皿边缘一周，两端梅梢合抱处是一缕轻云托起的一钩月牙儿。此类纹饰名为"梅梢月"，常见于宋元文献中，元曲（正宫）《塞鸿秋》中就有"爱他时似爱初生月，喜他时似喜看梅梢月"之句。

71 龙纹银托盏 * （一副）

宋末元初（约公元 1279 年前后）

通高 18、盖径 8.3、盏口径 8.8、托口径 16.9 厘米

湖南博物院藏 1996 年湖南临澧县柏枝乡出土

盏为敞口，扁圆腹，喇叭形圈足，荷叶纹盖，顶有环状纽，盏身双层，口内沿錾刻水波纹一周，盏身錾刻牡丹折枝团花，外部饰有翼飞龙两条，龙回首向器内。盏托为平折口沿，浅弧壁，饰有折枝荷花和双龙纹。

* 相关解读见《宋元明金银器的文化内涵与艺术风格——深圳博物馆"稽古维新"展览金银器赏析》，本书第 137 页。

72 高足银酒杯 *

元（1271 ~ 1368 年）

通高 8、口径 7、足径 4.4 厘米，重 48.5 克

湖南博物院藏 征集

　　微侈口，束颈，鼓腹高足，直柄，喇叭口圈足。杯口外沿有"梁陆郎花
艮造"的铭文。高足杯为中亚流行酒器，随着丝绸之路的开通传入中原，北
朝隋唐时期流行金银铜质高足杯，元代瓷器中开始大量烧造。

* 相关解读见《宋元明金银器的文化内涵与艺术风格——深圳博物馆"稽古维新"展览金银器赏析》，本书第 138 页。

外壁

73 梅花纹银盏

宋（960 ～ 1279 年）

高 5 厘米

醴陵市博物馆藏

　　碗呈五曲葵瓣形，腹壁弧收。碗底锤出五瓣梅花，与碗形相映，宛若一朵盛开的花朵。

外壁

74 梅花纹银盏

元（1271 ～ 1368 年）

高 4.5、口径 8、底径 4.4 厘米

醴陵市博物馆藏

　　五瓣花口，腹及底亦呈五瓣花形。腹内壁及底部压印梅花纹。

内底

75 菊花纹银盏

明（1368～1644 年）

高 4.9、口径 8.9 厘米

湖南博物院藏 1980 年桃江县修山区田家村大队出土

整体造型以菊花为式，圈足做成菊瓣纹，盏心打造花蕊。

内底

76 菊花纹银杯

明（1368～1644 年）

口径 7.5、底径 3.7 厘米

湖南博物院藏 征集

侈口，微束颈，鼓腹，平底，圈足。器身饰连续的菊瓣纹。

内底

内底

77 莲瓣纹银盏（两件）

元（1271 ～ 1368 年）

均高 4.6、口径 8.3、底径 3.1 厘米

攸县博物馆藏　株洲攸县丫江桥河源村元代窖藏出土

宽口，敛腹，高圈足，杯身饰莲瓣纹。

内底

78 "敬仲"莲花纹银盏 *

元（1271 ~ 1368 年）

高 4.5、口径 8.4、底径 4.4 厘米

醴陵市博物馆藏

形似莲花，敞口，喇叭状圈足。碗外壁锤揲多层莲瓣，花瓣肥硕丰满，其上还錾出莲心纹。圈足铭"敬仲""夔路史伯祥造十分花银刘宅置"。

* 相关解读见《宋元明金银器的文化内涵与艺术风格——深圳博物馆"稽古维新"展览金银器赏析》，本书第 139 页。

内底

79 菊瓣纹银盏

元（1271 ～ 1368 年）

高 4.8、口径 7.7、底径 3.5 厘米

攸县博物馆藏 株洲攸县丫江桥河源村元代窖藏出土

平折沿，鼓腹弧收，喇叭状矮圈足。器腹施菊瓣纹，口沿饰一条水波纹带。

80 "南溪"素面银盏 *（两件）

元（1271～1368年）

均高 4.5、口径 8.9、底径 3.2 厘米

攸县博物馆藏 株洲攸县桃水镇褚家桥元代窖藏出土

敞口，敛腹，高圈足，素面无纹，圈足处刻"南溪"。"南溪"可能是
地名，也可能是器物主人的自号。

* 相关解读见《宋元明金银器的文化内涵与艺术风格——深圳博物馆"稽古维新"展览金银器赏析》，本书第 139 页。

81 "能甫"素面银盏 *

元（1271 ~ 1368 年）

高 3.7、口径 8.3、底径 3.2 厘米

攸县博物馆藏　株洲攸县丫江桥河源村元代窖藏出土

　　敞口，深弧腹，高圈足。通体光素无华，表面平整光洁。圈足底部錾"能甫"字样。"甫"是中国古代男子的美称，后成为男性人名常用的字。

82 "楚傑"素面银盏 *

元（1271 ~ 1368 年）

高 5.5、口径 9.3、底径 3.7 厘米

攸县博物馆藏　株洲攸县丫江桥河源村元代窖藏出土

　　敞口，深弧腹，高圈足。通体光素无华，表面平整光洁。圈足底部錾"楚傑（杰）"字样，可能为人名或地名。

* 相关解读见《宋元明金银器的文化内涵与艺术风格——深圳博物馆"稽古维新"展览金银器赏析》，本书第 139 页。

83 钱纹底银盏

元（1271~1368 年）

高 3.9、口径 8.5、底径 3.5 厘米

醴陵市博物馆藏

敞口，深弧腹，高圈足。器底饰钱纹。

器底纹饰

84 卷草纹银盏

元（1271~1368 年）

高 3、口径 6.7、底径 3.9 厘米

醴陵市博物馆藏

深腹弧收，平底圈足。近口沿处錾刻出一周
圆点连成的卷草纹。

器底

85 "天瑞"莲花纹银盏

明（1368~1644 年）

高 5.1、口径 9.1 厘米

湖南博物院藏 征集

　　敞口，鼓腹弧收，高圈足。口沿施一周回纹，腹部锤揲形态逼真的莲叶、莲花。腹部以下分别饰一周圆点连成的卷草纹、莲瓣纹等。圈足装饰也较为精致，底部镂雕一朵盛开的六瓣梅花，旁刻有"天瑞"二字，可能为作器者或作坊名。

86 卷草纹直柄银杯 *

元（1271 ～ 1368 年）

高 2、口径 7.2、底径 4 厘米

醴陵市博物馆藏

　　敞口，深腹，平底。一侧口沿处设条形柄，
供执握。近口沿处錾刻出一周圆点连成的卷草纹。

87 葵口瓜棱形花柄金杯 *

元（1271 ～ 1368 年）

高 3.2、口径 7.7 厘米

攸县博物馆藏 株洲攸县丫江桥河源村元代窖藏出土

　　葵瓣形口沿，敛腹，有一瓜棱形手柄，器形
饱满。葵花形杯常见六瓣和八瓣形。

* 相关解读见《宋元明金银器的文化内涵与艺术风格——深圳博物馆"稽古维新"展览金银器赏析》，本书第 140 页。

内底纹饰

88 鎏金菊花纹灵芝柄银杯 *

元（1271 ~ 1368 年）

高 4.9、口径 4.6、底径 8.2 厘米

株洲市博物馆藏　株洲县堂市乡元代窖藏出土

　　侈口，浅腹，平底。杯身施以双层菊瓣纹，杯底錾刻出一枝盛开的菊花，脉理分明。柄作一枝灵芝状，以两片薄银片锤揲对接，与杯焊接。

* 相关解读见《宋元明金银器的文化内涵与艺术风格——深圳博物馆"稽古维新"展览金银器赏析》，本书第 141 页。

89 菊瓣纹花柄银杯 *

元（1271 ～ 1368 年）

高 3.2、口径 7.7 厘米

攸县博物馆藏 株洲攸县丫江桥河源村元代窖藏出土

　　宽口，敛腹，器身上施两圈菊瓣纹，有一花
形手柄。

内底

90 莲瓣纹花柄银杯

元（1271 ～ 1368 年）

高 4.9、口径 7.5、底径 3.1 厘米

攸县博物馆藏 株洲攸县桃水镇褚家桥元代窖藏出土

　　宽沿，敛腹，圈足，器身上施一圈莲瓣纹，
有一花型手柄。

* 相关解读见《宋元明金银器的文化内涵与艺术风格——深圳博物馆"稽古维新"展览金银器赏析》，本书第 141 页。

底部铭文

91 双龙耳银方杯（两件）

明（1368 ～ 1644 年）

高 3.7、口径 5.6 厘米；高 3.5、口径 4.8 厘米

湖南博物院藏　征集

斗形，底有四个矮足。杯两侧饰对称龙形耳，龙首前探，弯颈卷尾。杯底内壁有"日顺""足色"铭文。

第二节　盘碟类

果菜盘碟

　　宋早期有金银制作的高脚盘，南宋与元代却已不大流行，因此盘和碟之间的区分不很明显。大致而言，碟总要比盘小一些。就用途来说，金银盘碟均可用于盛放干鲜果品及肉脯之类。

　　宴饮时，除了一套齐整的酒器，还有果盘与果菜碟。反映元明两代中国文化习俗的朝鲜古汉语教材《朴通事谚解·上》中提到了酒宴席面摆设的规矩："外手一遭儿十六楪，菜蔬；第二遭十六楪，榛子、松子、干葡萄、栗子、龙眼、核桃、荔子；第三遭十六楪，柑子、石榴、香水梨、樱桃、杏子、苹婆果、玉黄子、虎刺宾。当中间里，放象生缠糖，或是狮仙糖。"这应是果菜碟很具体的使用情景。

宋代宴饮的台盏与各式盘碟
北宋　宋徽宗赵佶　文会图轴（局部）
台北故宫博物院藏

银盘纹饰

　　宋元的果盘与果菜碟的装饰图案以花鸟为多，如湖南临澧县柏枝乡南宋窖藏中有一组十件折枝花银盘，盘心分别錾刻团窠式造型的各式折枝花；湖南益阳八字哨元代窖藏中有两件银碟，盘心錾刻团窠式对鸟纹。

元代果盘
元　奉酒图（局部）
河南登封王上村元墓出土

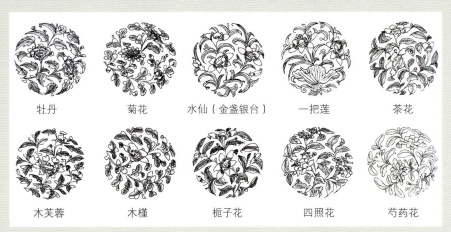

| 牡丹 | 菊花 | 水仙（金盏银台） | 一把莲 | 茶花 |
| 木芙蓉 | 木槿 | 栀子花 | 四照花 | 芍药花 |

宋末元初　折枝花银盘（展品99）纹饰　湖南临澧县柏枝乡窖藏出土

　　錾刻人物故事纹的盘碟却是难得。涟源桥头河镇元代窖藏中有一件银盘，虽残损近乎三分之一，但主体得以保留：松石之间有一屋院，院门处有一老妪手捧杯盏，与向前施礼的士人相问答。这应是唐人裴铏《传奇》中的"蓝桥遇仙"故事。话说秀才裴航赴京赶考时，于湘水舟中遇一绝色女子，以诗传情。女子答曰："一饮琼浆百感生，玄霜捣尽见云英。蓝桥便是神仙窟，何必崎岖上玉清。"此后裴航途经一地名"蓝桥驿"，向茅屋内一老妪施礼求浆，于是得遇美女云英，此后二人结成良缘、同登仙籍。

元代银碟上的团窠式对鸟纹
湖南益阳八字哨窖藏出土

元　蓝桥遇仙故事纹银盘　湖南涟源桥头河镇窖藏出土

盘盏

元　梅梢月纹银承盘
湖南澧县城关镇珍珠村窖藏出土

元　蝶赶菊纹银承盘
湖南澧县城关镇珍珠村窖藏出土

元　鎏金莲塘纹银承盘
湖南澧县城关镇珍珠村窖藏出土

　　除盛放果菜肉脯之外，还有一种盘用于承托杯盏，并称"盘盏"。宋孟元老《东京梦华录》卷四"会仙酒楼"条曰："凡酒店中，不问何人，止二人对坐饮酒，亦须用注碗一副，盘盏两副，果菜碟各五片，水菜碗三五只，即银近百两矣。"书中的"盘盏两副"，即指酒盏与承托酒盏之盘。

　　此类承托杯盏之盘，又称"杯盘"。与台盏的酒台子不同，杯盘的中心没有隆起很高的圆台。盘心有一周凸棱，凸棱内錾刻折枝花卉，以示放置酒盏的位置；若是象生花式盘盏，凸棱则做成花蕊状；或者周边以浮雕纹饰围成一个放置杯盏的范围。

注碗、杯盘与花式盏
备酒图壁画（局部）
辽天庆七年（1117年，即北宋徽宗政和七年）
河北宣化下八里5号张世古墓出土

杯盘与双耳杯
明　唐寅　仿唐人仕女轴（局部）
台北故宫博物院藏

92 茶花双鸾纹菱花形银托盘

宋末元初（约公元 1279 年前后）

高 1、直径 12 厘米

湖南博物院藏 1996 年湖南临澧县柏枝乡出土

　　口沿及盘壁呈六曲菱花形，平底，口沿平折。盘内模印锤击茶花纹，有双鸾飞入丛中，盘心錾刻茶花纹，留出放置配套酒盏的空间。

93 四季花卉纹菱花形银碟

宋末元初（约公元 1279 年前后）

高 1、口径 12 厘米

湖南博物院藏 1996 年湖南临澧县柏枝乡出土

口沿及盘壁呈六曲菱花形，平底，口沿平折。口沿上模印锤击折枝四季花卉纹。

盘边沿铭文

94 "辛卯陈荣卿造"凤蝶花卉纹金托盘 *

元（1271～1368 年）

口径 16.8、底径 13 厘米

醴陵市博物馆藏

　　造型取意牡丹，由内至外饰四圈纹饰带。盘心錾刻两对凤蝶，内心锤出向着花心翻卷的多重花瓣，仿若花蕊。花心之外锤一圈折枝菊花，再外一圈为重瓣纹。口沿平折，上饰一周波卷纹和折枝花卉纹。盘边沿外侧刻铭"辛卯陈荣卿造"。元代"辛卯"有二，一为至元二十八年（公元 1291 年），另一为至正十一年（公元 1351 年），有学者推定为后者。

* 相关解读见《宋元明金银器的文化内涵与艺术风格——深圳博物馆"稽古维新"展览金银器赏析》，本书第 141 页。

95 蜂赶菊纹银托盘 *

元（1271 ~ 1368 年）

高 1、口径 16.2 厘米

衡阳市博物馆藏 衡南县南洞村元代窖藏出土

圆形，花瓣形口沿，盘心打作花蕊，然后依次向外有四圈装饰带，内圈是向着花心翻卷合抱的一重花瓣而凸起的浅台，其外一周菊花纹，再外一周菊瓣纹，外沿饰一周折枝花纹。盘心花蕊中有一对相向而飞的小蜜蜂。

* 相关解读见《宋元明金银器的文化内涵与艺术风格——深圳博物馆"稽古维新"展览金银器赏析》，本书第 141 页。

一把莲纹

水仙花纹

茶花纹

菊花纹

四照花纹

99 折枝花卉纹银盘（十件）

宋末元初（约公元 1279 年前后）

直径 15.5、底径 12.8 厘米

湖南博物院藏 1996 年湖南临澧县柏枝乡出土

卷缘折唇，浅弧壁，平底。盘中心錾刻直径七厘米的折枝团花图案，工艺精湛。

97 游鱼戏水纹银托盘

元（1271 ～ 1368 年）

直径 16.5 厘米

醴陵市博物馆藏

　　圆形。平折沿，浅腹，平底。盘沿平面锤刻一周菱形莲心纹，底部绕盘心圆圈锤揲一周游鱼戏水纹。

96 串枝菊花银托盘 *（两件）

元（1271 ～ 1368 年）

残径 16、盘心 5.1 厘米，重 73 克；残径 16.3、盘心 5.1 厘米，重 62 克

湖南博物院藏 1980 年桃江县修山区田家村大队出土

　　银盘采用锤揲、錾刻等多种工艺，形似菊瓣，盘心外沿又錾刻多枚缠枝菊花装饰，花蕊刻画精细。盘心呈浅台状，绘有人物纹。

* 相关解读见《宋元明金银器的文化内涵与艺术风格——深圳博物馆"稽古维新"展览金银器赏析》，本书第 142 页。

98 群仙祝寿纹银托盘

元（1271 ～ 1368 年）

高 0.9、直径 15.6 厘米

醴陵市博物馆藏

　　圆形。平折沿，沿上錾圆点组成的卷草纹。盘内以深、浅浮雕形成构图，锤揲出群仙贺寿的神话故事。除人物外，梅花、松枝、假山、鹿皆雕刻细腻，栩栩如生。盘中心一圈云纹带内刻"福寿"纹，显然是为放置配套酒盏所预留的空间。

101 牡丹花纹银碟

元（1271～1368年）

高 1.5、口径 13.8、底径 9 厘米

衡阳市博物馆藏 征集

圆形，三十曲葵口，平底。口沿上饰花卉枝叶，浅腹，腹部装饰连续的莲瓣纹。碟中心饰牡丹花卉纹。

100 竹梅"寿"字纹银碟

元（1271～1368年）

高 1.5、口径 13.8、底径 9.1 厘米

衡阳市博物馆藏 征集

圆形，花瓣形口，口沿上饰一圈菊花纹，浅腹，平底腹部装饰连续的莲瓣纹。碟中心錾刻以竹叶构成的"寿"字，周围饰以梅花。

102 菊花纹银碟

元（1271～1368年）

高 1.5、口径 13.8、底径 9 厘米

衡阳市博物馆藏 征集

圆形，三十曲葵口，平底。口沿上饰菊花纹，浅腹，腹部装饰连续的莲瓣纹。碟中心錾刻菊花纹。

牡丹花纹

芍药花纹

木槿花纹

木芙蓉花纹

栀子花纹

103 菊花纹银碟

元（1271 ~ 1368 年）

高 1.5、口径 13.8、底径 9 厘米

衡阳市博物馆藏 征集

　　圆形，花瓣形口，平底。口沿上饰花卉枝叶，浅腹，腹部装饰连续的莲瓣纹。碟中心錾刻菊花纹。

104 折枝花卉纹银碟

元（1271 ~ 1368 年）

高 1.5、口径 13.8、底径 9 厘米

衡阳市博物馆藏 征集

　　圆形，花瓣形口，口沿上饰花卉枝叶，浅腹，碟中心饰折枝花卉纹。

105 人物故事纹银盘

元（1271 ～ 1368 年）

直径 17.2 厘米

株洲县文物管理所藏

　　盘口呈六瓣葵花状，盘心錾装饰人物故事纹，一男子坐于石台之上，一手指向一侧的女子，女子颔首微倾，二人似在交谈，远处树木林立。该故事内容或取自于当时的戏曲小说。

106 蟠虺纹长方形银盘

元（1271 ～ 1368 年）

高 1、长 16.8、宽 11.7 厘米

衡阳市博物馆藏　衡南县南涧村元代窖藏出土

方形，宽沿，盘内饰勾连缠绕的蟠虺纹。

第三节　日用生活与装饰类

胆瓶

宋元金银器中有一种用于插花的胆瓶，因器形如悬胆而得名，质地以瓷、铜居多。插花用的胆瓶尺寸都不大，高度总在 15、16 厘米上下，因为体现着雅趣的花瓶是随桌、案的发达以陈设需要而兴盛发达起来，为与书案上的文房清玩相谐，它自然以小为宜。

茶匙

北宋时期的茶匙，多为点茶时用作击拂。击拂，即边往茶盏中倒茶边用点茶用具在茶碗中用力搅拌，使得茶末和水相互混合成为乳状茶液，表面呈现丰富的白色泡沫，宛如白花布满碗面。

南宋之后，击拂用具多为茶筅。此时的茶匙，应是用于点茶或饮茶时取果，即在茶中加料。元明时期的话本小说《快嘴李翠莲记》中，翠莲"煎滚了茶，打点各样果子，泡了一盘茶"，口中说道："此茶唤作阿婆茶，名虽村却味佳。两个初煨黄栗子，半抄新炒白芝麻，江南橄榄连皮核，塞北胡桃去壳相。"

元至正十七年（1357 年）　瓶插莲花图
山东淄博临淄区大武村元墓出土

以茶筅点茶

元至元十三年（1276 年）　侍女备茶图
山西屯留县康庄村 2 号元墓出土

金明昌六年（1195 年）　"茶酒位"图
山西汾阳东龙观村金代家族墓地 5 号墓出土

事件儿

　　事件儿是元代流行的佩饰之一。几件小工具与若干个小玩意以银链系成一副，上由一枚"事件压口"总束，便是所谓的"事件儿"。此物唐代已经出现，辽金以降仍不衰减，一直流行到元明。事件儿既有女子佩戴，也有男子佩戴。女子的事件儿，一般有剪子、镊子、荷包、粉盒、荷叶盖罐等，多为梳妆之用；男子的一般以刀、锥或解锥为主。

佩戴有小刀的事件儿
内蒙古锡林郭勒盟正蓝旗羊群庙元代祭祀
遗址出土的石人像（局部）

佩戴有解锥的事件儿
内蒙古锡林郭勒盟正蓝旗羊群庙元代祭祀
遗址出土的石人像（局部）

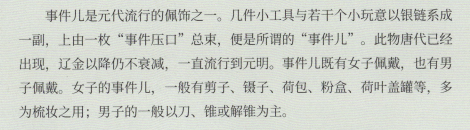

带鞘小刀　　　　　　　　　　　　　　　　　　解锥

元　银七事儿　　　　　　　　　　　　　元　银七事儿（失一事）
湖南石门县雁池乡邱家湾窖藏出土　　　湖南石门县雁池乡邱家湾窖藏出土

玉壶春瓶

　　玉壶春瓶，元人称为"壶瓶"。唐代的酒多被称为"春"，后代沿用。李白《哭宣城善酿纪叟》诗云："纪叟黄泉里，还应酿老春。"宋元时玉壶春为一种酒名，《水浒传》之"及时雨会神行太保，黑旋风斗浪里白条"道："酒保取过两樽玉壶春酒，此是江州有名的上色好酒。"可能元代的玉壶春酒常盛放于这种细颈、垂腹的瓶内，因此这种瓶就被代称为"玉壶春"了。

　　宋代斟酒之器为注碗，即酒注与温碗。元代，黄酒之外，葡萄酒、阿剌吉酒（即白酒）等不必热饮的酒类逐渐进入日常生活，温碗等失去效用，玉壶春瓶取而代之。除用于酒器外，还有一种小型的玉壶春银瓶，应为"事件儿"上的装饰。

玉壶春瓶与盘盏
元至顺二年（1331年）备酒图（局部）
河北涿州华阳路元代壁画墓出土

底部刻字

107 "刘阁造"折枝花草纹银瓶 *（两件）

宋末元初（约公元 1279 年前后）

高 15、口径 5.5 厘米

湖南博物院藏 1996 年湖南临澧县柏枝乡出土

口外凸，折沿，直颈，鼓腹，圈足，肩腹间饰折枝花草纹带。瓶底刻字，一件为"太""罗刘阁造""本"；另一件为"天罗刘阁造""本"。

* 相关解读见《宋元明金银器的文化内涵与艺术风格——深圳博物馆"稽古维新"展览金银器赏析》，本书第 143 页。

流两侧铭文

108 银匜 *

元（1271 ~ 1368 年）

直径 20.5、尖流长 5.8 厘米

湖南博物院藏 1980 年桃江县修山区田家村大队出土

　　素面，平底，无足，一侧有尖嘴流，流两侧的外壁有刻铭文，分别为"己丑仕衡置""□□甫"。匜是金元时期北方地区颇为流行的器皿，有金、银、铜、瓷等多种质地，元代称为"马盂"，有学者指出这类匜当为酒具之一。

　* 相关解读见《宋元明金银器的文化内涵与艺术风格——深圳博物馆"稽古维新"展览金银器赏析》，本书第 144 页。

109 果形银盒

元（1271 ～ 1368 年）

残高 5.1、口径 7.1 厘米

攸县博物馆藏 株洲攸县丫江桥河源村元代窖藏出土

　　盛放食品的器皿。形似苹果，由盖、身两部
分组成，合缝严密。通体光素。

110 果形银盒

元（1271 ～ 1368 年）

高 6.6、口径 7.1 厘米，重 35.8 克

攸县博物馆藏 株洲攸县丫江桥河源村元代窖藏出土

　　盛放食品的器皿。形似苹果，果盒之上锤揲
附有果叶四片。通体光素。

111 莲花纹银茶匙

元（1271 ～ 1368 年）

通长 12.5 厘米

攸县博物馆藏 株洲攸县槚山乡止步前村出土

曲柄，匙沿为莲瓣形，匙内饰一朵镂空莲花。

112 莲花纹银茶匙

元（1271 ～ 1368 年）

通长 15.2 厘米

攸县博物馆藏 株洲攸县凉江乡凉江村元代窖藏出土

匙中心饰一朵镂空的莲花。柄近手持处有一
段规整的竹节纹。

113 花草纹银荷叶盖罐 *

元（1271 ~ 1368 年）

高 8、口径 5.7、底径 5.5 厘米

攸县博物馆藏 株洲攸县丫江桥河源村元代窖藏出土

　　圆形，敛腹，有一荷叶形盖，罐肩部饰一圈祥云纹，罐身上主要纹饰为花草纹。此类小型荷叶盖罐可能为女性头油妆奁器物，这在一些传世图像和出土银器资料中都有体现。

114 银粉盒

元（1271 ~ 1368 年）

高 1、外径 4.4 厘米

攸县博物馆藏 株洲攸县凉江乡凉江村元代窖藏出土

　　古时女子存放胭脂的化妆盒，也作香盒或油盒，由盖、身两部分构成，子母口，盒身直腹，底平外凹，盒盖为浅弧形顶，通体光素。

* 相关解读见《宋元明金银器的文化内涵与艺术风格——深圳博物馆"稽古维新"展览金银器赏析》，本书第 145 页。

115 花叶纹银碟 *

元（1271 ~ 1368 年）
高 0.6、最大口径 8.6、底径 5.8 厘米
攸县博物馆藏　株洲攸县凉江乡凉江村元代窖藏出土

　　八瓣花形口沿，花瓣棱角分明，曲线流畅，盘内底
阴刻花草连枝缠绕的花叶纹。

116 玉壶春银瓶

元（1271 ~ 1368 年）
高 4.1、口径 0.9 厘米
湖南博物院藏　1980 年桃江县修山区田家村大队出土

　　敞口，细颈，垂腹。这种体型极小的玉壶春瓶，显
然不是实用器，应该是事件儿上系坠的装饰品。

* 相关解读见《宋元明金银器的文化内涵与艺术风格——深圳博物馆"稽古维新"展览金银器赏析》，本书第 145 页。

117 银五事 *

元（1271 ~ 1368 年）

通长 41 厘米

攸县博物馆藏 株洲攸县丫江桥河源村元代窖藏出土

元代流行的女性佩饰之一。"事件压口"为一枚下覆的荷叶，系连的五根银链上分别坠剪子、镊子、粉盒、荷包、荷叶盖罐，荷包上饰瑞兔纹。此类组合的事件儿当为女子所佩。

* 相关解读见《宋元明金银器的文化内涵与艺术风格——深圳博物馆"稽古维新"展览金银器赏析》，本书第 146 页。

118 银七事 *

元（1271 ～ 1368 年）

通长 48 厘米，重 57.2 克

攸县博物馆藏　株洲攸县丫江桥河源村元代窖藏出土

　　元代流行的女性佩饰之一。失二事。"事件压口"为一枚下覆的荷叶，
系连的五根银链上分别坠粉盒、镊子、玉壶春瓶与两个葫芦。

* 相关解读见《宋元明金银器的文化内涵与艺术风格——深圳博物馆"稽古维新"展览金银器赏析》，本书第 146 页。

【拓展阅读】

湖南地区的宋元金银器

湖南地区出土的宋元金银器，品种之丰富、纹饰之精美、保存之完好，居全国前列。其中少数出自墓葬，绝大部分为窖藏出土。虽名为"宋元窖藏"，其实埋藏年代大多集中于元代。因金银器的使用与收藏的时间跨度较大，因此窖藏器物也常有宋元并存的情况。

唐宋之际全国有两大银场，湖南桂阳监为其中之一，规模曾为北宋之最。元代，湖南依然是作为金银产地而有岁课（赋税）。据《元史·食货志》"岁课"列举产银之地有郴州，产金之地有"岳、澧、沅、靖、辰、潭、武冈、宝庆"（今岳阳、澧县、芷江、靖县、沅陵、长沙、武冈、邵阳）。

"长沙茶具精妙甲天下"，宋元湖南制作的金银茶具与器皿，工艺式样独特，享誉四方。南宋周煇《清波杂志》载："长沙匠者造茶器极精致，工直（值）之厚，等所用白金（白金即银）之数，士大夫家多有之，真几案间，但知以侈靡相夸，初不常用也。"南宋淳祐年间（1241～1252年），潭州知州赵葵向宋理宗进贡长沙的金茶具，理宗大喜，"盖内院之工所不能为也"。

宋代金银价格

宋代金、银价格并不低贱，加上人工费用，若要制备一套金、银茶酒具，价格十分昂贵。宋代低级官员的俸禄不高，家中父母妻子、僮仆最少五至十口人，皆由其一人供养，置备金银器皿较为困难，更何况一般市井之民。若遇招待佳客而又财力不及时，常见宋人去市肆租赁茶酒具。据南宋周密《癸辛杂识·长沙茶具》记载："凡茶之具（指长沙银茶具）悉备，外则以大缕银合贮之。"可见金银器皿之珍贵奢靡，还需银缕大盒珍藏。

表 1 宋代金、银、粮价格对比（部分）

时间	地点	金价	银价	粮价	文献来源
真宗咸平年间 （998～1003年）		5000钱/两	800钱/两		（宋）王栐《燕翼贻谋录》卷2
真宗咸平年间 （998～1003年）	蜀（今四川）			米36钱/斗	（宋）韩琦《安阳集·张公（詠）神道碑》
真宗景德四年 （1007年）	河东路 （治所今山西阳曲）		750～1000钱/两		《续资治通鉴长编》卷67
真宗景德四年 （1007年）	淮、蔡间 （今河南汝南一带）			麦10钱/斗，粳米40钱/斗	《宋史·真宗纪》
仁宗天圣四年 （1026年）	荆、湖、江、淮四路诸州军 （今湖南、湖北、江西一带）			米70、80、100钱/斗	《宋会要·食货·漕运》
仁宗天圣五年至天圣六年 （1027～1028年）	（广南东路）恩州磨铜等处产金（今广东恩平）	8900钱/两			《宋会要·食货·坑冶》
仁宗庆历三年 （1043年）	两浙（今浙江）			米60、70、100钱/斗	《续资治通鉴长编》卷143

时间	地点	金价	银价	粮价	文献来源
仁宗庆历六年（1046 年）			900～1200 钱/两		《续资治通鉴长编》卷 158
神宗熙宁八年（1075 年）	苏州			米 50 钱/斗	《续资治通鉴长编》卷 267
神宗熙宁八年、九年（1075、1076 年）	蜀州（四川）		官价 2200～2300 钱/两；市价 1400～1600 钱/两		（宋）吕陶《净德集·奏为役钱乞椿二分准备支用状》
靖康二年（1127 年）二月廿三日	京师（开封）			米市价至少 2000 钱/斗	《靖康要录》
靖康二年（1127 年）二月廿五日	京师（开封），户部置场收买	30000 钱/两	2700 钱/两		《靖康要录》
高宗绍兴四年（1134 年）	行在（今杭州）	30000 钱/两	2300 钱/两		（宋）岳珂《金陀续编》卷 5
高宗绍兴五年（1135 年）	两浙			米市价 700 文/斗	《建炎以来系年要录》卷 88
高宗绍兴三十年（1160 年）	化州（今广东茂名）			税米 260 钱/斗	《建炎以来系年要录》卷 189
孝宗隆兴二年（1164 年）		35000 钱/两	官价 3300 钱/两；市价 3000 钱/两		《宋会要·职官·都统制》；《宋会要·食货·盐法杂录》
孝宗淳熙七年（1180 年）	处州（今浙江丽水）			米 290 钱/斗	《宋会要·食货·和籴》
孝宗淳熙九年（1182 年）	广州		3050 钱/两		《宋会要·食货·盐法杂录》
宁宗庆元六年（1200 年）	建宁（今福建建宁）			230 钱/斗	《宋会要·食货·赋税杂录》
宁宗嘉泰二年（1202 年）	行在（今杭州）		左藏库官价 3300 钱/两		《建炎以来朝野杂记·金银坑冶》
理宗绍定元年（1228 年）	江浙诸州军		3300 钱/两		《宋史·食货志·会计》
理宗绍定四年（1231 年）	泉州			300 钱/斗	（宋）真德秀《西山先生真文忠公文集·申尚书乞拨降度牒助宗子请给》

表 2　宋代工资对比（部分）

官吏、工人	时间	日工资	月工资	口粮	文献来源
宰相、枢密使一级			300～400 千钱	另算	《宋史·职官·俸禄制》
知县一级			12 千～30 千钱，大部分为 20 千钱	另算	
大晟府乐正	徽宗宣和二年（1120 年）		10 贯	每月米 1 石、麦 1 石	《宋会要·食货·漕运》
大晟府下工与舞师	徽宗宣和二年（1120 年）		2 贯	每月米 1 石	
种、制茶工人	神宗熙宁十年（1077 年）	60 钱		另算	（宋）吕陶《净德集·奏为官场买茶亏损园户致有词诉喧闹事状》
提举制造御前军器所下等工匠	高宗绍兴二年（1132 年）	食钱 120 钱	800 钱	每月粮 2 石	《宋会要·职官·军器所》
提举制造御前军器所杂役兵匠	高宗绍兴二年（1132 年）	食钱 120 钱		每月粮 2.5 石	
工匠、人夫	高宗绍兴三十一年（1161 年）	20 钱		每日米 2.5 升	《三朝北盟会编》卷 243
少年女子（行业不知）	孝宗淳熙八年（1181 年）		不足 1000 钱		（宋）洪迈《夷坚志支乙·茶仆崔三》
役夫	理宗淳祐元年（1241 年）	40 钱		每日 2 升	（宋）魏岘《四明它山水利备览·淘沙》
船工	理宗宝祐六年（1258 年）		50 贯	每月米 1.2 石	（宋）梅应发《开庆四明续志·水阅》

注：

1. 宋代币制：1 贯等于 1000 钱（文）。除铜钱外，宋代四川、陕西等地流通铁钱，北宋四川有纸币，南宋以纸币（即"会子"）为主、铜钱为辅，会子又以若干年为一界，每界会子所值铜钱又不同，常不等于面额。铜、铁钱与纸币之间的汇率因时间、地点而不同，加上实行"省陌制"（如 800 钱当 1 贯使用），宋代币制极为复杂。表中钱数仅为文献记载之数，未考虑铜、铁钱与纸币之间的差异。

2. 宋代度量衡制：1 石等于 10 斗，1 斗等于 10 升，1 斛等于 5 斗，皆为容积单位；1 斤等于 16 两，皆为重量单位。据《中国科学技术史·度量衡卷》推算，宋代官制标准容器的 1 升约为今 702 毫升，宋代 1 斤约为今 661 克，1 两约为今 41.3 克。宋代斗具有大小之分，各地容量亦不同，量器同样较为复杂。

3. 宋代官员俸禄，除基本月俸外，还有各种添给名目，地方官员还有职田，但级别之间差异较大，并非每级都有。且俸禄多为铜钱、纸币与粮、帛实物混搭，因官府保管不善，实物通常质量低劣，在市场上只能减价出售。

4. 南宋孝宗淳熙八年（1181 年），江西南康出现灾害，知南康军朱熹向灾民发放赈米，大人一斗五升，小儿七升五合，为半月之粮。可知成人一天口粮为 1 升，此应为宋时口粮之较低标准。参见：《朱文公文集》卷一六《缴纳南康任满合奏禀事件状》之二《帖黄》。

5. 除表 2 中"宰相、枢密使一级""知县一级"文献引自《宋史》外，其余皆摘自《金泥玉屑丛考》。

相关研究

宋元明金银器的文化内涵与艺术风格
——深圳博物馆"稽古维新"展览金银器赏析

蔡明

两宋是金银器的器形与纹样不断演变并逐渐定形亦即中土化的时代，元代承袭两宋，在继承与创新的基础上使宋代形成的风格与样式进一步稳定下来，并为明清所继承[1]。

"稽古维新——湖南省宋元明铜器与金银器展"展出了60余件宋元明时期的金银器，包括杯盏、盘、粉盒、事件儿等各色器皿，体现了在商品经济与文人士大夫"忌俗尚雅"追求的影响下，宋元明金银器在摆脱了唐代充满异域特色且富丽堂皇风格的同时，形成了典雅、精致的中式审美及文化内涵。本文拟在前人研究的基础上，通过本次展览中的部分金银器展品，赏鉴、分析宋元明金银器的文化内涵与艺术风格。

1. 龙纹银托盏（展品71）

此副托盏应为盘盏，其盏、盘的花卉纹饰一致（图1-1），盘心的圆形纹饰框与盏的圈足恰好吻合，应为一套。银盏原为双耳，或亦可称为"杯"。一耳已失，环绕杯身的双龙，龙首腾出杯口成为杯耳。此杯上的龙无角，可能为螭。

图1-1　龙纹银盏内底的花卉纹
（摄于"稽古维新"展厅）

《说文解字》曰："螭，若龙而黄，北方谓之地蝼，从虫，离声。或云无角曰螭。"朱凤瀚先生引清代文字学家段玉裁的注释，提出螭为无角小龙之称[2]。清代姜绍书《韵石斋笔谈》载："宋宣和御府所藏玉盃三，其一内外莹洁，绝无纤瑕，盃口耸出螭头，小螭乘云而起，夭矫如生，名'教子升天'，真神物也。"扬之水据此认为此副盘盏即为教子升天杯[3]。贵州遵义杨价夫妇墓中出土了一副教子升天金杯盘，出土时金杯倒扣在金托盘上，与本件形制相近（图1-2）[4]。

图1-2　南宋　教子升天金杯盘
2014年贵州遵义杨价夫妇墓出土

银盏为夹层结构，由内外两层构成，中空。内层锤成半球状，内底錾刻花卉；外层锤揲出高浮雕的双螭纹（图1-3）。

这种套胎夹层工艺，在晚唐五代初见端倪，至宋代才真正出现[5]。它是将压印纹饰并具一定器形的两层金片或银片内外叠放在一起，形成中空，但口沿部位紧密连接在一起，共同组成一个整体的器物成形工艺[6]。

这种工艺的出现，有着现实性的需求：1. 双层中空可以很好地隔热，便于饮热茶或温酒；2. 相比单层薄胎的器物，套胎夹层的金银器看起来比较厚重，抗变形性好，用料又不多、成本不高[7]；3. 锤揲技术制出的高浮雕纹饰，使得器内壁凹凸起伏，而做成双层器壁的内壁则光滑美观、便于使用[8]。

图1-3　龙纹银盏的夹层结构
（摄于"稽古维新"展厅）

2. 高足银酒杯（展品72）

图2-1　杯口外沿的铭文
图2-2　高足银酒杯内的人物图
（摄于"稽古维新"展厅）

杯口外沿有"梁陆郎花艮造"的铭文（图2-1）。由于民间日用银器通常体量不大，"银"字常被省略部首，写成"艮"字[9]。"梁陆郎"，即梁六郎。某家、某铺、某郎，是宋人在器物上刻铭店铺和工匠的惯用称谓。这种在器物上出现作坊与工匠的明确标示，显然是商品经济发展到一定阶段的必然现象[10]。

杯内錾刻一幅人物图，此人蓄有长须、头戴幞头、披衣坦腹，身侧有一圈底酒坛，坛上书一"酒"字（图2-2）。此幅图案的内容与浙江义乌出土的七副宋代葵口银台盏相

图2-3　宋代葵口银台盏（其中五件）的人物图　浙江义乌出土

近（图2-3）[11]，均为饮酒图，表明此器的功用为饮酒。

高足杯为西亚、中亚的流行酒器，北朝至隋唐时期通过丝绸之路传入中原。唐代高足杯多为

银质，铜、锡、陶瓷等质地的高足杯亦有发现，其风格受到拜占庭、萨珊波斯的影响[12]。元代瓷器中开始大量烧造。明清时，高足杯名作"劝杯"，如《遵生八笺》中有"高脚劝杯"一语；又如《朱舜水谈绮》"器用"一项举出"长脚盃"，注曰"又劝杯"[13]。

3．"敬仲""能甫""南溪""楚傑"铭银盏（展品78、81、80、82）

"敬仲"莲瓣纹银盏的圈足内壁刻铭"敬仲"二字（图3-1），圈足外壁刻铭"夔路史伯祥造十分花银刘宅置"（图3-2）。

图3-1 "敬仲"铭文
（摄于"稽古维新"展厅）

从文献中可得知，夔路为宋元时期夔州路的简称[14]，治所今重庆奉节。银器铭文中有些人名后有"造""记"等字，这些人名是制器工匠的姓名[15]，铭文"史伯祥造"，表明史伯祥是制作此件银器的匠人。"十分花银"是指银器的成色，江苏金坛茅山窖藏出土了八件金牌，上面就有"唐一郎""十分金"等戳印[16]。"刘宅置"的"置"，当为置办、定置、购置之意[17]，此器应为刘宅定制。此件银器已有明确的工匠名，因此"敬仲"应不是匠人姓名，在其他宋元银器上也有类似的两字铭文，据推测可能为器物主人的自号[18]。据此，"敬仲"或为此件银盏主人的自号，其与"刘宅"的关系尚待考证。

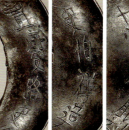

图3-2 "夔路史伯祥造十分花银刘宅置"铭文
（摄于"稽古维新"展厅）

另有四件素面银盏，一件在圈足底部錾刻"能甫"铭文（图3-3），两件在圈足外壁錾刻"南溪"铭文（图3-4），一件在圈足底部錾刻"楚傑（杰）"铭文（图3-5）。

图3-3 "能甫"铭文
（摄于"稽古维新"展厅）

图3-4 "南溪"铭文
（摄于"稽古维新"展厅）

图3-5 "楚傑（杰）"铭文
（摄于"稽古维新"展厅）

能甫，应为人名。甫是中国古代男子的美称，后成为男性人名常用的字。如《说文》曰："甫，男子之美称也。"[19]类似的名字也曾出现在宋代金银器的铭文中，如洛阳的"云甫"银箸[20]、彭州的"充甫"象盖银执壶[21]等。

根据"敬仲""能甫"等铭文的錾刻位置与字体推测，"南溪""楚傑（杰）"亦为人名的可能性较大。

4. 卷草纹直柄银杯（展品86）

卷草纹直柄银杯的口沿一侧，有一可供执握的直条形柄。内底的花、叶造型（图4），与株洲堂市乡元代窖藏的鎏金菊花纹灵芝柄银杯内底纹饰（展品88）相近。

这种有柄的杯，唐宋时被称为"屈卮"，如《东京梦华录》卷九中《宰执亲王宗室百官入内上寿》载："御筵酒盏皆屈卮，如菜碗样，而有手把子。"南宋程大昌《演繁露·古爵羽觞》："盖通身全是一爵也，惟右偏著耳，以便执持如屈卮然。"表明屈卮的一侧有把柄[22]。

唐代孟郊"劝君金曲卮，勿谓朱颜酡"、李贺"笙人劝我金屈卮，神血未凝身问谁"、元稹"暗插轻筹箸，仍提小屈卮"[23]、元代马致远"金卮满劝莫推辞"[24]等诗词的语句中，"劝"与"屈卮"相联系，作为罚酒游戏用的"筹箸"与"屈卮"相关，可见屈卮是劝杯。

图4　卷草纹直柄银杯的内底纹饰
（摄于"稽古维新"展厅）

5. 葵口瓜棱形花柄金杯（展品87）

瓜杯的造型，一般像是顺着瓜纹纵剖成半个瓜的样子，如四川彭州南宋窖藏的金瓜杯（图5-1）[25]、湖南临澧新合元代窖藏的银枝梗瓜杯（图5-2）[26]。这件瓜杯则不同，若横剖开来的半个瓜，瓜叶托起的瓜瓞在一侧做成杯柄。

宋元时期有一类制成桃形、瓜形的金杯、银杯，一般为寿宴上敬寿酒的劝杯[27]。江苏溧阳[28]与福建泰宁[29]各出土了一件银鎏金桃杯，杯心铭文分别为"寿比蟠桃""寿比仙桃"，宋代洪适的《临江仙·寿周材》中也有"瓜瓞绵绵储庆远"一句[30]，可见桃、瓜在当时有祝寿、吉祥的寓意。

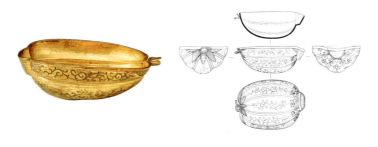

图5-1　南宋　金瓜杯
四川彭州南宋窖藏出土　彭州市博物馆藏

图5-2　元　银枝梗瓜杯
湖南临澧新合元代窖藏出土

6. 鎏金菊花纹灵芝柄银杯（展品 88）

此件银杯内底的花、叶造型，与醴陵市博物馆的卷草纹直柄银杯（展品 86）、江苏金坛西榭村南宋窖藏的银鎏金花卉纹高足杯的内底纹饰（图 6）[31] 相近或相同。

宋人将类单耳菊花杯唤作"菊卮"，由屈卮发展而来。元代吕止庵的小令（仙吕）《后庭花》："一声金缕词，十分金菊卮。金刃分甘蔗，金盘荐荔枝。不须辞，太平无事，正宜沉醉时。"可从中领略菊卮在酒宴上的溢彩流光[32]。

7. 蜂赶菊与蝶恋花（展品 89、95、94）

此次展览中有多件金银器纹饰中有蜂、蝶。如菊瓣纹花柄银杯，杯内底装饰菊花花蕊，蕊间有两只对飞的蜜蜂，似在采蜜（图 7-1）；如蜂赶菊纹银托盘，盘心做成花蕊状，花蕊中有一对相向而飞的蜜蜂（图 7-2）；"辛卯陈荣卿造"凤蝶花卉纹金托盘，盘心錾刻两只舞凤，舞凤之间有一对采花蝶（图 7-3）。

图 6　南宋 银鎏金花卉纹高足杯
江苏金坛尧塘西榭村银器窖藏出土
常州市金坛区博物馆藏

图 7-1　菊瓣纹花柄银杯的内底纹饰
（摄于"稽古维新"展厅）

图 7-2　蜂赶菊纹银托盘的内底纹饰
（摄于"稽古维新"展厅）

图 7-3　"辛卯陈荣卿造"凤蝶花卉纹
金托盘的内底纹饰
（摄于"稽古维新"展厅）

宋代杯盏内底的装饰一般为花朵纹，元代则出现了蜂赶菊或对称的双蝶纹样[33]，这种蜂蝶赶花是元明很盛行的纹样。赶，赶趁也；花的选取，多为梅和菊[34]。这类纹样在元明时代有"蜂赶梅""蜂赶菊""蝶恋花"之名，用于锦缎或簪钗、钮扣等装饰品[35]。如明代小说《金瓶梅》第十四回，描写潘金莲"上穿丁香色潞绸雁衔芦花样对衿袄儿，白绫竖领，妆花眉子，溜金蜂赶菊钮扣儿"。

"蜂赶菊"纹饰中的菊花原型，或为白甘菊[36]。宋《离骚草木疏》中记载："颍川人呼白菊为回蜂菊。"宋代郑克己有诗曰："今年种得回蜂菊，乱点东篱玉不如。"

唐代的铜镜上就已经以蝴蝶为装饰[37]，辽宋铜镜上亦可见到[38]。除用于纹饰外，南宋还有对蝶银佩（图7-4）[39]。这种对蝶图案，宋代又名"孟家蝉"，北宋"绍圣间，宫掖造禁缬，有匠者姓孟，献新样两大蝴蝶相对，缭以结带，曰'孟家蝉'，民间竞服之。"[40]

以蝶、花为纹饰或造型的金银饰品，在元明时期非常流行，如湖南临澧新合元代窖藏的蝶赶菊纹金耳环（图7-5）[41]、明定陵的金镶双碟采花珠宝绦环[42]。这种艺术造型，又被称为"蝶恋花"[43]，来自词牌《蝶恋花》，词牌取自南朝梁乐府诗"翻阶蛱蝶恋花情"一句。"蝶恋花"纹饰，应该与绘画作品密切相关，南宋《丛菊飞蝶图》便是一例（图7-6）[44]。

图7-4　南宋 对蝶银佩　　　　图7-5　元 蝶赶菊纹金耳环　　　图7-6　南宋 朱绍宗 丛菊飞蝶图
浙江省博物馆藏　　　　　　湖南临澧新合元代窖藏出土　　　故宫博物院藏

蝴蝶以其特有的美丽征服了一代代人，成为唐代以来文人笔下的咏颂题材。如[45]：

留连戏蝶时时舞，自在娇莺恰恰啼。

——唐·杜甫《江畔独步寻花》

江南蝶，斜日一双双，身似何郎曾傅粉，心如韩寿爱偷香，天赋与轻狂。
微雨过，薄翅腻烟光，才伴游蜂来小苑，又随飞絮过东墙，长是为花忙。

——北宋·欧阳修《望江南·江南蝶》

寒辞薄翅犹扑粉，暖溢柔须始弄晴。

——元·贡师泰《新蝶》

一夜和风遍海棠，家园蝴蝶拂柔桑。

——明·沈天孙《睡蝶》

8. 串枝菊花银托盘（展品96）

　　这两件托盘虽然已残，但造型基本一致。两件的盘心均绘有一主一仆的形象，只是人物的朝向有所不同。图中主人头戴葛巾、巾带飘然、面部微胖、身形清瘦；身前有一朵花，身后有一童仆手提酒壶；童仆身后有一棵松树，苍劲挺拔（图8-1）。这组形象所描绘的主题，应该是陶渊明。

图8-1　串枝菊花银托盘的内底纹饰
（摄于"稽古维新"展厅）

从陶渊明题材的绘画来看，元代以后陶渊明的形象定型化，大体上是头戴葛巾、身着宽袍、衣带飘然、微胖、细目、长髯、持杖，这应源自宋代李公麟[46]。台北故宫博物院藏有一件题宋李公麟《归去来辞图》，开头有一幅陶渊明画像，画中陶渊明戴葛巾、着木屐、曳杖前行，身后有一童仆背负酒壶随行（图 8-2）[47]。

图 8-2　题宋李公麟 归去来辞图（局部）
台北故宫博物院藏

陶渊明的作品中多次咏菊、咏松，也有很多关于酒的作品。以致菊、松、酒成为陶渊明的标志，也成为绘画中代表陶渊明的元素。如[48]：

采菊东篱下，悠然见南山。

——《饮酒》其五

三径就荒，松菊犹存。……景翳翳以将入，扶孤松而盘桓。

——《归去来兮辞》

性嗜酒，家贫不能常得。亲旧知其如此，或置酒招之。造饮辄尽，期在必醉；既醉而退，曾不吝情去留。

——《五柳先生传》

经宋代苏轼、朱熹的大力推崇，陶渊明成为宋以后历代文人士大夫的崇拜对象，并成为一种文化符号，象征着清高、气节、真淳，也代表着回归自然的人生追求，以及对自然美的追求[49]。绘画中的陶渊明元素，也有着各自的指示意义，如醉酒、赏菊，代表着风流、淡泊、超脱；菊花、松树，代表着高洁、孤傲、忠愤；葛巾、黎杖、宽袍，代表着儒雅、高逸[50]。

此二盘，盘心图像中有松、花，因刻绘粗浅，较难判断此花是否为菊花，但盘心外的锤揲纹饰均为菊花，与盘心的陶渊明图像暗合。盘中清瘦的陶渊明形象，与宋元绘画中体态微胖的形象稍有不同。

9.“刘阁造”折枝花草纹银瓶（展品 107）

这两件银瓶的造型与贵州遵义杨价夫妇墓出土的金瓶基本一致。杨价夫妇墓的金瓶内插匙一柄、箸一双（图 9-1）[51]，说明此类型的金瓶、银瓶可以用于插置匙、箸。

这类插置匙、箸的瓶，其作用大致有二。其一用于筵席，如元人笔记《静斋至正直记》载：“宋季大族设席，几案间必用筯瓶查斗，或银或漆木为

图 9-1　2014 年贵州遵义杨价夫妇墓出土
贵州省文物考古研究所藏

之，以筯置瓶中。遇入座，则仆者移授客，人人有止筯，状类笔架而小，高广寸许，上刻二半月弯以置筯，恐坠于几而有污也，以铜为之。"[52] 可见宋人设宴，用瓶装筷，每个人还有一个筷枕。其二用于焚香，如明代将香炉、香盒与放置取香用的箸、匙的"匙瓶"，构成"炉瓶三事"组合，常陈设于书斋、厅堂的案几之上[53]。

这类鼓腹的瓶又可以用于插花。如山东淄博大武村元墓壁画，其中一幅描绘的插花之瓶，与这件银瓶造型相近（图9-2）[54]。有学者认为，随着桌、案的发达，为适应陈设需求，这类瓶应该是用于插花[55]。

图9-2　元至正十七年（1357年）
瓶插莲花图壁画
山东淄博临淄区大武村元代壁画墓出土

10. 银匜（展品108）

图10-1　银匜流下的疤
（摄于"稽古维新"展厅）

图10-2　"庚辰年萃仲置"银匜
湖南涟源桥头河镇石洞村元代窖藏出土

图10-3　元　备酒图壁画
陕西蒲城洞耳村元代壁画墓出土

这件银匜的流下有一疤（图10-1），从湖南涟源石洞村元代窖藏的"庚辰年萃仲置"银匜（图10-2）[56]可知，流下可能还有一环柄，或遗失。

大同元代崔莹李氏墓中出土了一件陶匜，口径11.3、高4.2厘米，与此件银匜造型相同，流下无环柄，出土时置于一陶盘中[57]。可知，匜可用作水器。

元代壁画墓中常见"奉茶进酒"题材的备茶图与备酒图。其中茶具多与女主人相对应，酒具多与男主人相对应，墓主夫妇既是酒茶的荐奉主体，又是酒茶的荐奉对象[58]。在这类备酒图壁画中，也可见到此类有环柄的匜，其常与盘盏、梅瓶、玉壶春瓶组合在一起，应该也是一种酒器，如赤峰沙子山元墓[59]、陕西蒲城元墓（图10-3）[60]等。

元末明初的叶子奇，在《草木子》卷三中描述元代的筵席摆设："筵席则排桌，五蔬、五果、五按酒。置壶瓶、台盏、马盂于别桌，于两楹之间。"与壁画所绘可相对应。可知作为酒器的匜，在元代被称为"马盂"，可斟、可把、可饮[61]。

11. 花草纹银荷叶盖罐（展品113）

宋元瓷器中的荷叶盖罐，可用于贮茶或盛、储酒，宋金元时期墓葬壁画的备茶图与备酒图中经常可见到荷叶盖罐[62]。如山西屯留康庄2号元墓的"侍女备茶图"（图11-1）[63]。

与瓷质的相比，银荷叶盖罐要小得多。苏州元末张士诚母曹氏墓中出土了一件银奁，内有三层：上层装有银剪刀1把、银刷2把、银薄片刮器1件；中层装有银粉盒4件、小银盖罐1件、大小银碟各1件；下层有银梳1件、银篦1件、银针6支、银脚刀1件、银小剪刀1件、银荷叶盖罐1件，其中荷叶盖罐高8.8厘米[64]。这类较小的银荷叶盖罐，应是一种梳妆用具，见于两宋绘画的梳妆图（图11-2）[65]，可能用于盛放饰鬟之水[66]。

图11-1　元至元十三年（1276年）侍女备茶图壁画
山西屯留康庄村2号元墓出土

图11-2　北宋 王诜 绣栊晓镜图（局部）
台北故宫博物院藏

曹氏墓银奁中层的另一件小银盖罐，高4.6厘米，盖下连着一小勺；浙江湖州三天门南宋墓出土的一件银荷叶盖罐，高5.3厘米，盖下也连着一小勺（图11-3）[67]。这种带勺银盖罐，应是装头油的。头油与面油都是梳妆用油，其中面油是膏油，无须用勺[68]。

图11-3　南宋 银荷叶盖罐
浙江湖州三天门南宋墓出土 湖州市博物馆藏

12. 花叶纹银碟（展品115）

本件银盘的尺寸，小于一般的果菜盘碟，应该是用于盛放小件用具或胭脂的梳妆器具，即妆盘[69]。

与之尺寸相似的银盘，还见于江西德安南宋周氏墓。墓主人为南宋太平州通判吴畴妻周氏，卒于咸淳甲戌年（即咸淳十年，1274年）。墓中出土了一批梳妆用品，全集中包在一条褐色素罗巾中，放置在银奁内，计有银粉盒、银盘、铁镜、木梳、竹簪、竹刀、纸梳、纸篦等。银奁为六曲葵花形，分上、中、下三层：上层放置铁镜1件；中层放置纸质的篦子、梳、刀、刷与银盘；下层放置一粉盒[70]。

其中银盘为六瓣菱花形，内底刻"莫四郎记"（简报称"许四郎记"），尺寸为口径7、底

图 12　南宋 菱花形银胭脂碟
1988 年江西德安南宋咸淳十年（1274 年）周氏墓出土
德安县博物馆藏

径 5.5、高 2 厘米（图 12）[71]，内装黑色物质，发掘者认为是变质的胭脂[72]。

值得注意的是，通过对宋代墓葬的整理，可发现男性墓中一般不随葬金银器，而是随葬玉璧、玉剑格、石砚等玉石器类；北宋女性墓中随葬的金器主要是簪、钗、耳环、手镯等首饰，银器主要是碗、盘、杯、箸、勺等日常生活用具，以及银粉盒、银镜盒等不成套的梳妆用具；南宋晚期，女性墓葬中出现了银奁与成套的梳妆用具[73]。

另，四川德阳窖藏的两件银茶托上分别有"马氏妆奁""沈氏行状"的刻铭，彭城窖藏的菱花口盏也有"史氏妆奁"的刻铭[74]。

女性墓中随葬的金银首饰、生活用具、梳妆用具，可能都为宋代女性的"奁资"，即嫁妆。其中，首饰与妆奁可悦夫；生活用具则有持家奉老的含义。一定程度上反映了宋代程朱理学对妇女的伦理规范与要求[75]。

13. 事件儿（展品 117、118）

图 13-1　辽 玉事件儿
内蒙古通辽奈曼旗青龙山镇辽代陈国公主墓出土

事件儿，是元明流行的配饰之一。几件小工具与若干佩件各以银链系合为一副，上由一枚"事件压口"总束[76]。

明代有将耳勺、镊子、牙签三种小工具配成一套的"三事儿"，如《金瓶梅》第五十九回写一人物："向袖中取出白绫双栏子汗巾儿，上一头拴着三事挑牙儿，一头束着金穿心合儿。"[77]这种三事儿多半是拴在汗巾角上，揣在衣裳袖子里，随身携带，男女皆然[78]。

由卫生用具或小工具组合而成的"事件儿"，又发展出另外一种纯粹的装饰品，正式名称为"坠领"，可能是坠在胸前的[79]。内蒙古辽代陈国公主墓出土的玉事件儿，位于公主腹部，莲花形玉饰下系着六条金链，分别系上玉制的剪子、觿、锉、刀、锥与勺（图 13-1）[80]，几乎不能实用，只能用于装饰。

男子所佩服的坠领，以刀、锥或曰解锥为主[81]。如北京右安门外明代万贵墓，出土了一件金七事儿，除了系着剪子、荷包、荷叶盖罐、粉盒、玉壶春瓶外，还有小剑与锥（图 13-2）[82]。

图 13-2　明 金七事儿
北京右安门外明代万贵墓出土 首都博物馆藏

注释：

1. 扬之水：《奢华之色——宋元明金银器研究》卷三，中华书局，2011 年，第 124 页。

2. 朱凤瀚：《中国青铜器综论》，上海古籍出版社，2009 年，第 550 页。

3. 扬之水：《奢华之色——宋元明金银器研究》卷三，中华书局，2011 年，第 48 页。

4. 浙江省博物馆编：《中兴纪胜——南宋风物观止》，中国书店，2015 年，第 337 页。

5. 廖望春：《宋代金银器物研究》，南京大学出版社，2012 年，第 162 页。

6. 廖望春：《宋代金银器物研究》，南京大学出版社，2012 年，第 150 页。

7. 廖望春：《宋代金银器物研究》，南京大学出版社，2012 年，第 162 页。

8. 张静、齐东方：《古代金银器》，文物出版社，2008 年，第 133 页。

9. 党宝海：《湖南宋元窖藏金银器铭文考释》，湖南省博物馆编：《湖南宋元窖藏金银器发现与研究》，文物出版社，2009 年，第 380 页。

10. 张静、齐东方：《古代金银器》，文物出版社，2008 年，第 132 页。

11. 朱俊琴：《义乌柳青乡游览亭村宋代窖藏银器研究》，《东方博物》第四十九辑，浙江大学出版社，2014 年；浙江省博物馆编：《中兴纪胜——南宋风物观止》，中国书店，2015 年，第 312 ～ 313 页。

12. 齐东方：《唐代银高足杯研究》，《考古学研究》（二），北京大学出版社，1994 年。

13. 扬之水：《奢华之色——宋元明金银器研究》卷三，中华书局，2011 年，第 222 页。

14. 《宋史·志第四十一·地理四》载："归州，下，巴东郡，军事。建炎四年，隶夔路；绍兴五年，复。三十一年，又隶夔；淳熙十四年，复。明年，又隶夔。"《宋史·本纪第二十七·高宗四》载："（绍兴二年）张浚承制以归州隶夔州路。"

15. 党宝海：《湖南宋元窖藏金银器铭文考释》，湖南省博物馆编：《湖南宋元窖藏金银器发现与研究》，文物出版社，2009 年，第 381 页。

16. 浙江省博物馆编：《中兴纪胜——南宋风物观止》，中国书店，2015 年，第 183 页。

17. 党宝海：《湖南宋元窖藏金银器铭文考释》，湖南省博物馆编：《湖南宋元窖藏金银器发现与研究》，文物出版社，2009 年，第 380 页。

18. 党宝海：《湖南宋元窖藏金银器铭文考释》，湖南省博物馆编：《湖南宋元窖藏金银器发现与研究》，文物出版社，2009 年，第 380 ～ 381 页。

19. 季旭昇：《说文新证》，福建人民出版社，2010 年，第 257 页。

20. 洛阳市第二文物工作队：《洛阳邙山宋代壁画墓》，《文物》1992 年第 12 期。

21. 彭州市博物馆、成都市文物考古研究所：《成都市彭州宋代金银器窖藏》，《文物》2000 年第 8 期。

22. 安忠义：《敦煌文献中的酒器考》，《敦煌学辑刊》2008 年第 2 期。

23. 转引自：安忠义《敦煌文献中的酒器考》，《敦煌学辑刊》2008 年第 2 期。

24. 转引自：扬之水《奢华之色——宋元明金银器研究》卷三，中华书局，2011 年，第 71 页。

25. 中国国家博物馆、遂宁市博物馆、彭州市博物馆编：《宋韵——四川窖藏文物辑粹》，中国社会科学出版社，2006 年，第 101 页。

26. 湖南省博物馆编：《湖南宋元窖藏金银器发现与研究》，文物出版社，2009 年，第 119 页。

27. 扬之水：《奢华之色——宋元明金银器研究》卷三，中华书局，2011 年，第 80 页。

28. 肖梦龙、汪青青：《江苏溧阳平桥出土宋代银器窖藏》，《文物》1986 年第 5 期。

29. 李建军：《福建泰宁窖藏银器》，《文物》2000 年第 7 期。

30. 转引自：扬之水《奢华之色——宋元明金银器研究》卷三，中华书局，2011 年，第 84 页。

31. 浙江省博物馆编：《中兴纪胜——南宋风物观止》，中国书店，2015 年，第 314 页。

32. 扬之水：《奢华之色——宋元明金银器研究》卷三，中华书局，2011 年，第 71、75 页。

33. 廖望春：《宋代金银器物研究》，南京大学出版社，2012 年，第 192 页。

34. 扬之水：《读物小札：明代耳环与耳坠》，《南方文物》2013 年第 2 期。

35. 扬之水：《奢华之色——宋元明金银器研究》卷一，中华书局，2010 年，第 140 页。

36. 撷芳主人：《蝶恋花蜂赶菊》，《北京青年报》2014 年 6 月 20 日 D13 版。

37. 深圳博物馆等编：《镜涵春秋——青锋泉、三镜堂藏中国古代铜镜》，文物出版社，2012 年，第 251 页；刘礼纯《介绍瑞昌博物馆藏七星十二宫等古代铜镜》，《文物》1990 年第 6 期。

38. 尹建光、李铁军：《内蒙古古代钦塔拉出土的辽代八蝶纹铜镜》，《收藏》2015 年第 3 期；上海博物馆编：《练形神冶 莹质良工——上海博物馆藏铜镜精品》，上海书画出版社，2005 年，第 298 页。

39. 浙江省博物馆编：《中兴纪胜——南宋风物观止》，中国书店，2015 年，第 168 页。

40. （宋）熊克《中兴小记》卷五引朱胜非《闲居录》，转引自：浙江省博物馆《中兴纪胜——南宋风物观止》，中国书店，2015 年，第 168 页。

41. 湖南省博物馆编：《湖南宋元窖藏金银器发现与研究》，文物出版社，2009 年，第 94 页。

42. 扬之水：《奢华之色——宋元明金银器研究》卷二，中华书局，2011 年，第 145 页。

43. 扬之水：《奢华之色——宋元明金银器研究》卷一，中华书局，2010 年，第 140 页。

44. 《宋画全集》第一卷第五册，浙江大学出版社，2010 年，第 2 页，图 81。

45. 转引自：丁希凡《蝴蝶纹样的研究》，苏州大学硕士学位论文，2007 年，第 1 页。

46. 袁行霈：《陶渊明影像——文学史与绘画史之交叉研究》，中华书局，2009 年，第 31 页。

47. 袁行霈：《陶渊明影像——文学史与绘画史之交叉研究》，中华书局，2009 年，第 20 页。

48. 转引自：袁行霈《陶渊明影像——文学史与绘画史之交叉研究》，中华书局，2009 年，第 121 页。

49. 袁行霈：《陶渊明影像——文学史与绘画史之交叉研究》，中华书局，2009 年，第 120 页。

50. 罗杰：《陶渊明图像研究》，上海大学博士学位论文，2011 年，第 95 页。

51. 浙江省博物馆编：《中兴纪胜——南宋风物观止》，中国书店，2015 年，第 336 页。

52. 转引自：浙江省博物馆《中兴纪胜——南宋风物观止》，中国书店，2015 年，第 95 页。

53. 袁泉：《新安沉船出水仿古器物讨论——以炉瓶之事为中心》，《故宫博物院院刊》2013 年第 5 期。

54. 徐光冀主编：《中国出土壁画全集》卷 4，科学出版社，2011 年，图 141。

55. 扬之水：《湖南宋元金银器丛考》，湖南省博物馆编：《湖南宋元窖藏金银器发现与研究》，文物出版社，2009 年，第 371 页。

56. 湖南省博物馆编：《湖南宋元窖藏金银器发现与研究》，文物出版社，2009 年，第 280 页。

57. 大同市文化局文物科：《山西大同东郊元代崔莹李氏墓》，《文物》1987 年第 6 期。

58. 袁泉：《从墓葬中的"茶酒题材"看元代丧祭文化》，《边疆考古研究》第 6 辑，科学出版社，2007 年。

59. 刘冰：《内蒙古赤峰沙子山元代壁画墓》，《文物》1992 年第 2 期。

60. 徐光冀主编：《中国出土壁画全集》卷 7，科学出版社，2012 年，图 418；呼林贵、刘合心、徐涛：《蒲城发现的元墓壁画及其对文物鉴定的意义》，《文博》1998 年第 5 期。

61. 扬之水：《奢华之色——宋元明金银器研究》卷三，中华书局，2011 年，第 93 ~ 97 页。

62. 李钰：《宋元瓷器中的荷叶盖罐》，《东方博物》第五十六辑，浙江大学出版社，2015 年。

63. 徐光冀主编：《中国出土壁画全集》卷 2，科学出版社，2011 年，图 194。

64. 苏州市文物保管委员会、苏州博物馆：《苏州吴张士诚母曹氏墓清理简报》，《考古》1965 年第 6 期。

65. 扬之水：《油缸》，《古诗文名物新证》，紫禁城出版社，2004 年，第 231 页。

66. 扬之水：《油缸》，《古诗文名物新证》，紫禁城出版社，2004 年，第 231 页。

67. 浙江省博物馆编：《中兴纪胜——南宋风物观止》，中国书店，2015 年，第 130 页；湖州市博物馆：《浙江湖州三天门宋墓》，《东南文化》2000 年第 9 期。

68. 扬之水：《油缸》，《古诗文名物新证》，紫禁城出版社，2004 年，第 230 页。

69. 扬之水：《奢华之色——宋元明金银器研究》卷一，中华书局，2010 年，第 194 ~ 198 页。

70. 江西省文物考古研究所、德安县博物馆：《江西德安南宋周氏墓清理简报》，《文物》1990 年第 9 期；孙家骅：《德安吴畴妻周氏墓志考释》，周迪人等编：《德安南宋周氏墓》，江西人民出版社，1999 年，第 76 ~ 78 页。

71. 浙江省博物馆编：《中兴纪胜——南宋风物观止》，中国书店，2015 年，第 126 页。

72. 江西省文物考古研究所、德安县博物馆：《江西德安南宋周氏墓清理简报》，《文物》1990 年第 9 期；周迪人、周旸、杨明：《德安南宋周氏墓》，江西人民出版社，1999 年，第 13 页。

73. 廖望春：《宋代金银器物研究》，南京大学出版社，2012 年，第 225 页。

74. 张静、齐东方：《古代金银器》，文物出版社，2008 年，第 131 页。

75. 廖望春：《宋代金银器物研究》，南京大学出版社，2012 年，第 226 ~ 227 页。

76. 扬之水：《奢华之色——宋元明金银器研究》卷一，中华书局，2010 年，第 191 页。

77. 孙机：《三事儿》，《中国文物报》2001 年 1 月 21 日第 2 版。

78. 扬之水：《说"事儿"》，《古诗文名物新证》，紫禁城出版社，2004 年，第 208 页。

79. 扬之水：《说"事儿"》，《古诗文名物新证》，紫禁城出版社，2004 年，第 210 ~ 212 页。

80. 内蒙古自治区文物考古研究所、哲里木盟博物馆编：《辽陈国公主墓》，文物出版社，1993 年，第 84 ~ 85 页，彩版二三。

81. 扬之水：《奢华之色——宋元明金银器研究》卷一，中华书局，2010 年，第 192 页。

82. 北京市文物局、《北京文物鉴赏》编委会编：《明代金银器》，北京美术摄影出版社，2006 年，第 26 页。

宋代仿古铜器初探

——以四川地区宋代窖藏铜器为例

柳青

窖藏作为一种特殊的遗存形式，其发现一般具有很大的偶然性，但却因其往往能够成批地、较为完整地保存古代文物，而具有重要的研究价值和历史意义。1949 年以来，四川地区发现了大量的宋代窖藏，其中出土了丰富的宋代文物，为宋代考古学研究提供了重要的参考资料。铜器作为四川地区宋代窖藏出土文物中的一个重要组成部分，具有特殊而重要的研究价值。[1]

本文通过收集目前已经发表的发掘工作和研究资料，统计到四川地区出土铜器的宋代窖藏 37 处。基于以上材料，对四川地区宋代窖藏出土铜器的情况进行初步研究。[2]

一、四川地区出土铜器的宋代窖藏特点

通过对四川地区（含重庆忠县）出土铜器的 37 处宋代窖藏资料进行梳理，可以发现四川地区出土铜器的宋代窖藏具有以下基本特点：

第一，数量多，地域分布广泛，小区域相对集中，主要沿古代交通要道和重点城镇分布。北到剑阁地区，南到峨眉山、资中一线，西到雅安地区，东到今重庆忠县境内都有发现，整体而言，主要分布于四川中部至东部地区。在广泛分布的大环境下，又有小区域相对集中的特点。如，剑阁地区至少七处宋代窖藏中都出土了铜器；成都、江油、绵阳、广安、峨眉山市等地也均发现不止一处窖藏出土铜器。

这些窖藏分布的另一个特点是位于重要的城镇聚点和主要的交通道路沿线附近。关于四川地区窖藏沿驿路和水路分布，并在行政和军事重镇周边的特点，此前有学者已经有所论述。如徐苹芳先生《四川宋代窖藏及其历史背景》一文中就有详细探讨。[3] 出土铜器的宋代窖藏的分布亦具有此特点，并且相对而言，在成都平原经济富庶或道教发达的地区出土铜器数量和种类较其他地区更为丰富。

第二，窖藏的埋藏时代主要集中在南宋晚期，一般认为与宋蒙战争有关。在收集的 37 个窖藏资料中，从同出钱币的窖藏情况看，其年代以南宋时期为主，许多窖藏中都出土了嘉定年间及其以后的钱币，说明是在南宋晚期以后才被瘗埋的。结合当时的历史背景，此前许多学者推论的"为避南宋末蒙军入川的战祸而掩埋"的理由显得较为可信。但是，对于部分时代不能明显判定或不在南宋晚期的窖藏，或许也应该从多种角度来考虑入藏原因。

第三，窖藏设施方面，出土铜器的宋代窖藏埋藏一般较浅，深度在距地表几十厘米至两米不等，个别到三米。主要有以下几种埋藏方式：其一，土窖，窖藏坑形状较为规整，没有特定的容

器；有的用大器物盛装小器物，重叠放置。例如，剑阁地区发现的多个窖藏、彭州青铜器窖藏、江油大康乡窖藏等。其二，土窖，用特定陶、瓷或铜质的缸、瓮、锅、盆等大型容器盛装窖藏器物，部分其上盖以砖、石板或铜盆等。个别窖藏被发现时为器物倒扣在石板之上，很可能是发生了倾翻。例如，彭山罐头厂窖藏、江油彰明窖藏、德阳景福公社窖藏等。其中巴中县医院窖藏还附带宗教性质的陈设。该窖藏坑为圆形，用铜罐放置窖藏器物。罐口盖一铁釜。铜罐四周置放有碗、盘瓷器和 4 条青铜铸造的龙。釜的口沿侧四方各置一烛台，并放有黑釉瓷碗。有学者认为应该与道教祭仪有关。其三，用石板砌壁，再放置窖藏器物，见于阆中县丝绸厂窖藏 1 例。其四，无明显土坑形状，无容器，器物直接放入土中掩埋，似乎是仓促间所为，不排除部分窖藏为后期破坏所致。如江油犀牛村窖藏。

第四，器物组合方面，出土铜器的窖藏中只有少数为较为纯粹的铜器窖藏，大部分窖藏铜器与其他材质器物共出，尤其与瓷器、铁器共出者居多。少数窖藏中的铜器仅见一件，或为普通生活用品，或充当窖藏包装其他器物的容器。如，绵阳平武龙安窖藏中出土的铜罐是 8 件银器的容器。这类窖藏中用作容器的铜器与作为窖藏主体的铜器在性质和意义上应该有所区别。

第五，器物时代方面，窖藏出土物中除了宋代产品之外，个别窖藏中还出土前代器物或钱币。前代钱币以唐代"开元通宝"为主，这应该与其到宋代还具有很强的沿用性有关。出土前代器物的窖藏有广安广福乡窖藏和德阳景福公社窖藏。广安广福乡窖藏中出土战国晚期到汉代的鍪、壶、辟邪等物。德阳景福公社窖藏中出土了前代铜镜。这些前代器物在窖藏中被发现，一方面反映了窖藏主人对这些器物的珍视，另一方面反映出宋人复古风尚的流行，但并不排除它们还具有一定的实用功能。

二、窖藏集中区域分析

如前文所述，我们不难注意到，四川地区在某些区域发现的窖藏数量尤为密集，或者在某些窖藏中发现的铜器数量，尤其是仿古器物的数量尤其丰富。这种现象的背后是否有特殊的历史背景和文化因素呢？较多的观点认为，这些窖藏的出现与南宋末年的蒙宋战争有关，但也有部分学者认为部分窖藏可能与宗教祭仪有关。本小节就窖藏集中出现的区域略做分析，以期有助于相关问题的探讨。

1. 江油地区

江油位于四川盆地西北部涪江中、上游一带。现其境内政区在历史上历经置废，其中设置政区较长而且较稳定的是江油和彰明两县。据《太平寰宇记》记载："江油县旧五乡今一乡。秦汉曹魏为无人之境，晋始置阴平县及平武县地。西魏废帝二年置龙州及江油县，取江水以称邑兼郡。"[4] "彰明县，本汉涪县地，西魏昌隆县地，初在清廉乡，大同四年移于让水乡，魏移于孟津里。唐先天元年避庙讳，改为昌明县。天宝中，江水决。建中元年移于旧县，即今理也。今改为彰明县。"[5]

历史上，江油地区是出入蜀地的交通要道。根据《读史方舆纪要》的记载，江油县正处于蜀要道之一的阴平道至成都的必经之地。"阴平道，入蜀之间道也。……艾遂自阴平步道，悬车束马，径江油，出绵竹以灭蜀也。"[6] 此外，江油地区的宗教也应该较为繁盛。《太平寰宇记》记载："灵台山在（彰明）县北，一名天柱山，高四百丈，即汉张道陵升仙之所。又郡国志，云台山天柱崖下有一桃树高五丈，外皮似桃，内心似松，道陵与王长、赵升试法于此。四百余年桃迄今未朽。"[7] 虽然学术界对张道陵飞升之地还有存疑，但从这条记载可见，江油地区在宋代时应该被认为具有特殊的宗教意义，道教在该地区应该相当兴盛。

江油地区已经发现了至少 4 处宋代铜器窖藏，且均有仿古器物发现。具体为：1967 年江油大康乡白果寺遗址宋代窖藏、1979 年江油河西乡龙桥村原龙泉寺遗址宋代窖藏、1983 年江油市彰明镇北街宋代窖藏、1999 年江油后坝柏胜犀牛村宋代窖藏（出土器物情况参见附表）。

除了江油犀牛村窖藏之外，其他三个窖藏中出土的铜器均数量较多、类型丰富。江油犀牛村窖藏出土地点亦位于一寺庙之内，据称该寺在 1960 年也曾挖出过一批铜器，与该窖藏出土地点相邻，很可能属于一批窖藏。因此，整体而言，江油地区宋代铜器窖藏的铜器的数量和类型应该都比较丰富，并且都是相对纯粹的铜器窖藏，只有少量铁器和石器共出，而不见其他地区窖藏中常见的瓷器。这四个窖藏中均出土了仿古器物，且至少三个窖藏的出土地点位于宗教建筑附近，这或许为我们进一步探讨窖藏性质提供了重要的线索。

如果对器物类型和组合进行更深入的分析，我们似乎不能忽视这些窖藏与道教存在的某种联系。这些窖藏中出土的瓶、香炉、烛台、乐器等，均有可能与道教的仪式器用有关。但仅就其窖藏形式看，似乎并不能断定有什么宗教仪式行为。也即是说，虽然这些窖藏中的器物可能是道观、寺庙的遗物，窖藏的主人可能是宗教人士，但是也有可能掩埋的是私人财物，而无法确定具有某种仪式行为。

2. 剑阁地区

剑阁位于四川北部，自古就是入蜀要冲，建置较早，变动频繁。东汉末年，有汉德县建置。南北朝时，先后设过武都郡、南安郡、扶风郡、南梁州、安州，下辖多县。隋唐时设始州、普安郡，唐先天二年（713 年）改始州为剑州，南宋时升剑州为隆庆府。[8] 宝祐三年（1255 年）蒙军攻蜀，隆庆府治所移至苦竹寨（今剑门镇朱家寨）。[9] 据《太平寰宇记》记载："剑门县，东北六十里，旧九乡今十一乡。本汉梓潼县地。诸葛武侯相蜀，于此立剑门，以大剑山至此有益东之路，故曰剑门。即姜维拒钟会于此。唐圣历二年分普安、临汉、阴平三县地于方期故城，置县大剑山，亦曰梁山。"[10]《读史方舆纪要》记载："金牛道，今之南栈，自沔县而西南至四川剑州之大剑关口，皆谓之金牛道，即秦惠王入蜀之路也。自秦以后，繇汉中至蜀者，必取途于此，所谓蜀之喉嗌也。"[11]

目前关于剑阁地区宋代窖藏资料，主要见于母学勇的《剑阁宋代窖藏综述》一文。该文统计剑阁地区的宋代窖藏八处，其中七处窖藏都出土了铜器。其铜器类型以瓶为常见，共出烛台、香炉、茶具、筷、匙等器物。

关于剑阁宋代窖藏集中出现的原因，一般认为当与战争因素和宗教兴衰有关。在元代以前，剑阁地区的道教应该是比较兴盛的。在《剑阁县文物志》一书中有多篇风物介绍中提及了道教遗迹。如，南距剑阁县九十华里的青虚山就有修道的传说。虽然受到政策的影响，但据记载至少明代还有民众前往青虚山的道教遗迹进行求仙祷告活动，可见道教在当地的影响之深远。[12]

基于剑阁特殊的地理位置，战乱应该也是促使这里集中出现窖藏的原因之一。如果说窖藏这种遗存形式是为了保护财物，并方便日后取出的话，宗教势力的衰落和在一个区域内的退出，是否会促使教徒就地掩埋宗教仪物还有待考量。但剑阁地区道教的一度兴盛，或许是此区域宋代窖藏铜器出土率高的一个重要原因。

3. 成都及周边地区

从地理位置上看，德阳、彭州、安仁、彭山、温江等地，均地处成都周边，应该为蒙军入蜀后长驱直入四川腹地的主要攻略之地。在这一区域发现了较密集的宋代窖藏，包括：大邑安仁镇宋代窖藏、大邑县宋代窖藏、温江县委会窖藏、成都南郊窖藏、成都昌都汽运公司窖藏、德阳景福公社窖藏、彭山罐头厂窖藏、彭州青铜器窖藏等。

整体而言，成都周边地区出土的铜器的窖藏数量较为丰富。除彭州青铜器窖藏出土大量仿古器物之外，其他窖藏的器物类型以生活用器为主，但有的窖藏器物组合也似乎与宗教有关，如成都南郊窖藏。

成都及周边区域发现的器物面貌与江油地区和剑阁地区的整体面貌有较大差异。铜质香具、茶具，瓷器以及文房用品等为常见，这从一个侧面反映出宋代四川地区中心地域经济的繁荣和文化的兴盛。窖藏数量较多与器物的多样性，一方面反映出窖藏这种遗存形式在成都周边地区的流行，另一方面反映这一地区的窖藏受战争这类突发性事件影响而集中出现的可能性更大。

三、窖藏类型

四川地区各宋代窖藏出土的铜器在数量上和类型上具有严重的不平衡性。少数窖藏出土铜器数量较多，类型丰富，窖藏的整体性质相对明晰。但多数窖藏出土铜器的数量却很少，有的仅出土一两件，且不具有特别清晰的年代或性质指向。根据窖藏铜器类型和共出器物情况，可将本文涉及的 37 座窖藏分为三类：

第一类：以铜器为主的窖藏，其他材质器物数量相对较少。这一类又可细分为三组。第一组，铜器类型多样，质量较高，器形以仿古铜器为主，共出文房用品，例如彭州青铜器窖藏、广安广福乡窖藏。第二组，铜器类型多样，出土香具、茶具、文房用品等高档生活用器，例如江油彰明窖藏。第三组，窖藏中高档生活用品类型很少，而以执壶、瓶、盘、铫、茶盏、烛台、匙、筷、盆等铜器类型为主，部分器物可能与道教有关，例如江油大康乡窖藏、江油龙桥村窖藏、成都南郊窖藏、德阳景福公社窖藏等。

第二类：出土器物主要为铜器和瓷器两大类，数量较多。这一类又可细分为两组。第一组，器物类型以生活用品为主，瓷器数量较丰富，有的共出石质文房用品等，例如成都大邑县安仁镇窖藏、阆中县丝绸厂窖藏、成都昌都汽运公司窖藏、遂宁金鱼村窖藏、彭山罐头厂窖藏等。第二组，瓷器数量和类型较丰富，有带宗教性质的陈设，铜器性质很可能与道教有关，例如巴中县医院窖藏。

第三类：铜器类型和数量均较少，非窖藏器物主体。共出器物材质较杂，有瓷器、铜器、铁器、银器、水晶器等，基本为普通生活用器，有铜器被用作其他窖藏器物的容器。部分窖藏共出大量铁币或较高质量的银器和瓷器。这一类也可细分为三组。第一组，铜器极少，共出大量钱币，属于以钱币为主的窖藏，例如南充仪陇县窖藏、资中亢溪乡窖藏、雅安供销商场窖藏、绵阳刘家河乡窖藏等。第二组，铜器类型很少，为普通生活用器，质量较低，有的被用作窖藏容器。共出其他材质器物的质量相对较高，例如忠县中坝窖藏、绵阳平武南坝窖藏、广安武胜县窖藏、广安大良乡窖藏、绵阳平武龙安窖藏、南充营山县窖藏。第三组，铜器和其他器物的类型和数量都很少，整体质量不高，一般为普通生活用器。例如，雅安石棉县窖藏、绵阳刘家乡窖藏等。

四、铜器性质与窖藏主人身份推测

根据前文的分组分析和窖藏器物性质或可将窖藏的主人身份分为四类：

第一类，铜器有较多仿古铜器类型的，窖藏主人可能为官员或富家豪门。比较确定属于这一类的为彭州青铜器窖藏和广安广福乡窖藏。

彭州青铜器窖藏出土的鼎上有铭文"汉鼎佳其子孙"，甗足上有铭文"圆篆甗汉囗男平永宝用"，应该是对前代铜礼器铭文的一种模仿，且似乎均与私家有关；共出的礼器类型较为丰富，有鼎、尊、甗、壶、盘等。据报告，该窖藏中同时出土了两尊佛像[13]，但是从铜器的角度而言，并没有看到特别的宗教意味，应该也为私家供奉之物。谢涛推测窖藏"为地方官员或富家豪门私家所有，用于私家祭祀活动"。[14]

广安广福乡窖藏中一部分铜器髹漆，一部分铜器没有髹漆。器表髹漆的铜器类型有蒜头壶、琮式瓶、净瓶、圈足盘、鼎式炉、瓶、衔环双耳瓶。器表没有髹漆的宋代铜器类型有瓯、瓶、平底盘、碗、烛台、灯、镜、钟、鼎式炉、器座、杵等。根据这一区别，其或许至少存在两套不同的铜器组合。其中两件蒜头壶底部分别有"秘阁""芗林"铭。"秘阁"是古代皇家图书馆。宋太宗端拱元年（988 年）置秘阁于崇文院中堂。《宋会要辑稿》职官一八之四七载："太宗端拱元年五月诏就崇文院中堂建秘阁，择三馆真本书籍万余卷及内出古画墨迹藏其中。凡史馆，先贮天文占候谶纬方术书五千一十二卷，图画百四十轴，尽付秘阁。"[15]"芗林"本来是宋两浙漕官、著名词人向子諲辞官闲居的园林名称。据《宋史》记载向子諲字伯恭（1085～1152 年），因力主抗金触忤秦桧，被迫致仕归隐，"号所居曰芗林"。[16] 该窖藏中还共出前代铜器若干件，因此该窖藏出土的部分铜器有可能为主人收藏品，或许与向子諲或其他文臣有关。器表髹漆的铜器组合可能为一套陈设供器。

第二类，窖藏铜器类型以文房用品、香具、茶具等高档生活用具为主的；或者窖藏铜器本身质量不高，但是共出较为精美瓷器、银器或大量钱币的。这些窖藏中出土的文房用品、大量钱币和原产自遥远的龙泉窑、景德镇窑等著名窑口的精美瓷器等，均反映出其主人具有一定的文化修养和一定的经济实力，其窖藏主人可能为地方士绅和一般富户。

第三类，铜器可能与宗教相关的，其窖藏主人可能为宗教人士或信奉宗教的士绅和平民，也有可能为寺观之物。

第四类，铜器以普通生活用器为主的，共出器物也以一般生活用器为主，其窖藏主人可能是一般平民。

四川地区宋代窖藏中出土的铜器的确有较多属于道教供器和法器的范畴，个别窖藏的掩埋行为亦似乎带有很强的道教科仪意味，但铜器和瓷铜合出的窖藏是否都与道教或民间祭仪相关还有待商榷。有的即便是寺观遗址中发现的科仪用器，也有可能是对寺观财物的就近掩埋，无法断定即是仪式行为。并且许多铜器类型在宗教仪式或日常生活中均可使用，假若仅从铜器的出土情况和器形组合来确定每个窖藏的性质可能并不十分准确。

五、小议宋代仿古铜器

宋代仿古器物的大量出现与发展变化，主要与两条线索有关：第一，与赵宋王朝追三代遗风、恢复礼乐制度有关。第二，与宋代古器物学的兴起和文人收藏之风的流行有关，其在很大程度上促进了宋人对三代礼器的认识与对仿古器物的认可。

青铜礼器一般被视为夏商周文明的代表。自秦代以后，由于社会结构的变化，以青铜礼器为标识的礼乐制度逐渐式微。北宋的建立，结束了唐末以来的分裂局面，重新基本上实现了中国的统一。由于多年的战乱，国家制度至此已经崩坏不堪。[17] 北宋建国之初的当务之急即是重新恢复包括礼乐制度在内的各种国家制度和政治秩序。

陈芳妹研究指出，宋代的官方礼器制作经过了从"尊文绎器"到按三代实物样式仿制的过程。北宋早期，朝廷制作礼器主要参考宋初聂崇义的《三礼图》。该书是一本根据经文和注疏推衍而成的图录。由于当时发现的三代礼器实物十分稀少，聂崇义还是主要凭籍经典和注疏，参考历代礼图，对各种礼器的形制进行推衍绘制，因此对于很多礼器的认识不免与其真实面貌差之甚远。尽管如此，《三礼图》却在宋代及此后很长一段时间内，对礼器的制作产生了很大的影响。如《太常因革礼》[18]、《礼书》[19] 等即多参考《三礼图》，甚至直到元墓中的陶礼器都还有以《三礼图》作为祭器的仿制标本的。[20]

自刘敞开士大夫收集古器物之先风之后，宋代的一些士大夫和古器物爱好者纷纷加入收藏古器物并对其进行研究、著录的队伍中来。此后陆续出现了一批以古器物研究为基础的图录，如刘敞《先秦古器图》、欧阳修《集古录》、李公麟《考古图》、吕大临《考古图》、薛尚功《历代钟鼎彝器款识法帖》等。这些图录为修正《三礼图》的谬误、纠正宋人对三代礼器错误印象提供了正确的样本参照。

随着越来越多的古代铜器的发现和相关研究的深入，北宋朝廷也意识到了《三礼图》的失当之处，开始注重三代铜器的收集与依照三代礼器实物的仿制，到徽宗时期颁定了《宣和博古图》，达到北宋的"稽古制礼"巅峰。该书收录古代铜器839件，既是皇家所藏三代礼器的一本整理图录，又是此后官方礼器制作的参考范本。政和五年（1115年）礼制改革，诏《三礼图》及郡县学绘画图象并改正，旧所绘两壁《三礼图》并毁去。[21] 宣和元年（1119年）五月二十七日，令礼制局绘图颁降，依图制造，从此《三礼图》不再成为朝廷祭器规制。[22] 徽宗朝依《宣和博古图》的新礼器样式，制作了大批仿三代礼器，被称为"新成礼器"。但实际上《宣和博古图》的影响范围非常有限，在地方州县，祭器还是采用《三礼图》样式。[23]

北宋晚期朝廷的礼兴乐盛并没有维持多久。随着金人铁蹄南侵，北宋朝廷不仅皇室不保，国之重器也随之被掠夺一空。至南宋建立，不得不重新寻访《宣和博古图》样式，以恢复国家礼乐制度。而在重新获得合适的参照范本之前，原本已经被朝廷弃之不用的《三礼图》又再次充当了礼器范本。《中兴礼书》记载：

徽考稽古制作，裒集三代遗物，取其法象肇新礼器荐之郊庙，又著宣和博古图以贻天下后世，乃知礼旧图所载出于臆度，不可为据。千载伪谬，一朝顿革，岂不伟哉。主上受命，郊见天地，实用新成礼器。渡江之后，鲜有存者。绍兴元年，有司始造明堂祭器止依旧图之说。四年亲祀，议者以新成礼器为合于古，请复用，其礼度事下礼官谓无博古图本，遂不果行。十年亲祀，前期内出古制爵坫以易雀背负醆之陋，然而笾、豆、尊、罍、簠、簋、彝、鼎诸器，至今依三礼图。如簠簋为桶立龟盖上之类，既知其非，犹且循袭。[24]

绍兴十三年（1143 年），宋廷重颁《博古图》，以其制度改造礼器。绍兴十五年（1145 年），高宗"以制度颁示州县"，先后颁布了《绍兴制造礼器图》《淳熙释奠制度图》和《绍熙州县释奠仪图》，今仅《绍熙州县释奠仪图》存世。[25]

宋代以北宋晚期编订的官方礼器样本《宣和博古图》为代表的新礼器系统的影响范围应该还是比较广泛的。至少在相对偏远的四川地区的宋代窖藏中发现如此多按新样式制作的铜器就是一个很好的证明。当然，其为《宣和博古图》直接影响的可能性较小，有可能是受属于《博古图》系统的南宋时期颁行的《绍熙州县释奠仪图》等的影响[26]，部分器物不排除为官方制作的礼器通过赏赐或其他方式流传至此。但是四川地区发现的其他同时期器物中还有明显依照《三礼图》制作的迹象，如南宋虞公著夫妇合葬墓出土的龟盖陶罐[27]明显参考了《三礼图》样式。因此，四川地区很可能是两种礼器范本系统并行的状态。也许从时人视角来看，虽然《博古图》系统是礼器形制的更为正确的参照标本，但是长期流行的《三礼图》样式礼器也是与"礼"有关的。虽然形制上两者有很大差异，但在仪式中同样具有相应的符号意义。也有可能，虽然南宋官方在绍兴十三年后重颁了礼器制度，但是这些礼器样式只用在了宗庙府学的明堂之上。而延续了《三礼图》礼器形制的器物却通过葬仪陶器保留下来，作为与明堂之上完全不同的葬仪中的"礼器"。

除四川地区以外，其他地区也发现了许多宋代仿古铜器。一些博物馆中也藏有部分传世品，如在"稽古维新——湖南省宋元明铜器与金银器展"中就展出了湖南博物院的多件藏品。从目前考古发现以及传世品的情况来看，宋代仿古铜器的类型较为丰富，具体有：鼎、瓿、甗、尊、爵、簋、琮、卣、牺尊、钟、豆、贯耳瓶、钫、蒜头壶、炉、盘等。其中瓿、爵、尊、蒜头壶、钟等发现较多。仿制的器物原型时代包括三代和汉代，亦有因认识局限制作的特殊器型。值得注意的是，宋人对于一些器物的定名与现今不同。例如现在被我们一般称为"簋"的器物，实际上在南宋以前的金石著录中被称作"彝"。而现在我们所称"蒜头壶"其实在《考古图》《宣和博古图》等古代器物图谱中都被称为"温壶"。这种定名的差异是我们考察宋代仿古铜器时需要留心的地方。

宋代许多仿古铜器虽然属于礼器样本中记载的"礼器"样式，但在实际使用中并非都作为礼器使用，有的器物样式可能更广泛用作花器或陈设器。例如前文论述的温壶，虽然经常出现于仿古铜器组合中，但很可能不是作为礼器，而是作为花器使用。在明代文献中明确记述了此类器物的花器用途。《遵生八笺》载："若古素温壶，口如蒜椰式者，俗云蒜蒲瓶，乃古壶也，极便滚水插牡丹、芍药之类，塞口最紧，惟质厚者为佳。他如栗纹四环壶、方壶、匾壶、弓耳壶，俱宜书室插花。"[28]四川地区的宋代窖藏中经常发现铜瓿与铜瓶以及其他生活用器共出，而同一窖藏中不含其他仿古铜器，说明瓿在当时应该更广泛地作为与瓶功能相近的花器使用，并且这一习惯也一直延续到明代。《瓶花谱》载："铜器之可用插花者曰尊、曰罍、曰瓿、曰壶。古人原用贮酒，今取以插花，极似合宜。"[29]

宋代仿古铜器，虽然名曰模仿三代，实际并非与前代器物刻意完全相同，而是在形制和纹饰上都有宋人自己的艺术创新。[30]其名曰"仿古"，更多时候并不是原封不动的仿古复制，而是取其古意，在"摹古"之风下的艺术再造。并且，从已发现的仿古铜器看，也并没有明显的仿商、仿周或仿汉的倾向性。而宋人虽有"追三代遗风"的思想，但根据部分器物上明确有"汉"铭这一现象来看，仿制汉代器物至少是一个实际的潮流。

六、结语

从宋理宗宝庆三年（1227 年）到祥兴二年（1279 年），四川地区作为宋蒙的主战场之一，经历了长达 52 年之久的宋蒙战争。这场战争历时之长、规模之大、战局之广，在中国历次更朝换代的战争中都是罕见的。四川地区特殊的自然地理环境对宋蒙战争产生了重大的影响，大大延长了赵宋国祚，迟滞了蒙元对南宋的过早征服。

四川地区出土铜器的宋代窖藏数量多、分布广，埋藏时代多集中在南宋晚期。无论窖藏中出土什么类型的器物，大部分南宋晚期窖藏产生原因都很可能与宋蒙在此区域长达 52 年的战争拉锯有关，即四川地区大部分南宋晚期窖藏掩埋的原因和目的应该是相似的。从窖藏掩埋深度普遍较浅，窖藏设施多缺乏规划和修筑的行为来看，大部分窖藏的主人在掩藏物品时很可能比较仓促，并且有计划待战争结束后重返家园，取出这些器物继续使用。虽然在这些窖藏器物中包含了许多仿古铜器，但真正能明确归于礼器或宗教科仪用器的很少，生活用器应该还是四川地区宋代窖藏的主体。

由于所获资料有限，文中难免纰漏，恳请各位学界同仁斧正。

附表：《四川地区宋代铜器窖藏情况表》

编号	窖藏名称	出土铜器类型与数量	埋藏方式	共出器物	共出钱币	备注
1	剑阁鹤鸣山窖藏	瓶类 1、镳斗 1	土窖	瓷器：龙泉窑莲瓣纹碗 2、八边形碟 1、褐色开片碗 1	不明	
2	剑阁卧龙山窖藏	瓶类、茶具、烛台、匙、筷	土窖	瓷器：龙泉窑四方形瓶 1、长颈瓶 2、影青瓷鼎 1、白瓷碗 1。仿铜陶瓶 1、无釉陶瓶 1	不明	
3	成都大邑县安仁镇窖藏	执壶 1、瓶类 2、盒 1、镜 1、筷 2、鼎式炉 1、构件 3、铲 1	灰陶瓮	瓷器 45 件：青釉炉 1、影青瓷碟 16、影青瓷壶 1、青釉碗 4、影青瓷罐 2、影青粉盒 2、酱釉碗 6、玳瑁釉瓶 12、绿釉贯耳小瓶 2、酱釉釜 1。铁器 5：铁锸 1、铁锁 1、铁权 2、丁字形秤钩 1。端砚 1、端石笔山 1、黄蜡石镇纸 1	最晚宋哲宗时期的"元祐通宝"	
4	温江县委会窖藏	执壶 1、瓶类 10、三足盘 10、碗 11、杯 10、甘露碗 1、镜 4、筷 68、勺 34、笔架 1、水盂 1	器物置于陶缸中，其上长方形砖作盖	铁器 3：铁剑 1、铁斧 1、铁锄头 1。石砚 4	铜钱 53 枚，唐代 1 种、宋代 12 种、金代 1 种。最晚金代"正隆元宝"	
5	江油大康乡窖藏	甋 1、执壶 2、瓶类 18、三足盘 1、釜 1、铫 2、熨斗 2、烛台 5、龟鹤烛台 1、镜 7、钹 1、盆 1	曲尺形窖藏沟	铁器 10：铁铧 1、铁砍刀 3、铁斧 1、铁锤 1、铁锄 2、铁砧 1、凿状铁器 1。铁残片 11	铁币 9 枚，"淳熙元宝" 1、"绍熙通宝" 1、"庆元通宝" 2、"嘉泰元宝" 2、"嘉定元宝" 2、"嘉定通宝" 1	该窖藏位于白果寺遗址
6	剑阁白龙乡窖藏	尊 1、瓶类、炭式炉 1、茶具、釜 1、烛台、匙、筷	土窖	陶瓶 2、铁臼 1	不明	
7	成都南郊窖藏	执壶 1、瓶类 19、盒 1、烛台 6、匙 19、筷 32、勺 1、长柄香炉 6、唾盂 2、铃 2、盆 2	器物置于一大铜盆内	无	无	

编号	窖藏名称	出土铜器类型与数量	埋藏方式	共出器物	共出钱币	备注
8	成都昌都汽运公司窖藏	觚2、瓶类7	器物重叠侧放，层层围圈，中间瓷器，外层铜器	瓷器116件，有影青、黑、白、青等四种釉色，碗、盘、洗、碟、杯、盏、瓶等七种器形	无	
9	江油龙桥村窖藏	觚8、执壶1、瓶类9、平底盘10、杯8、铫1、烛台12、镜3、匙14、筷10、构件4、引磬1、盆1	器物置于陶罐内	无	无	该地属于古彰明地
10	绵阳平武龙安窖藏	罐1	铜罐，内置器物	银器7：银盘2、银五曲梅花盏1、银束发冠2、银花枝2	无	
11	南充营山县窖藏	瓶类7	铁锅两口合扣，内置器物	瓷器165：豆青釉碗、盘、碟、盏。铁锅1	无	仅追回完整器物27件
12	绵阳平武南坝窖藏	筷2、勺6	黑釉陶缸，内置器物	瓷器42：影青瓷碗31、影青瓷碟4、白釉印花瓷碟7	无	
13	阆中县丝绸厂窖藏	觚1、瓶类16、盘、钵、茶具、匜1、镶斗、灯、匙111、筷244、器座4、盆	窖藏用六块石板砌成六边形，底部用石板铺垫，窖口用两块石板拼盖	瓷器81件：青瓷炉2、影青瓶1、青瓷碗20、影青碗18、影青菊花碟6、影青印花碟8、影青葵口盘6、影青印花盘4、白瓷盘8、玳瑁釉盘4、影青器盖4	铜钱27枚，最晚"绍兴元宝"	
14	成都大邑县银屏公社窖藏	灯1、瓶类1、帐钩1、砝码1	不明	无	无	
15	广安广福乡窖藏	琮2、铺首衔环壶1、蒜头壶2、瓶类30、鍪2、钟1、辟邪1、镜2、杆1、灯1、平底盘1、圈足盘1、鼎式炉7、觚2、碗7、烛台3、器座11	小型器置于陶坛内，口盖石板，大型器置于长方形铜盘内	端砚2、兔毫碗1、钟乳石2	无	鍪、壶、辟邪为战国晚期至汉代。铜盘已锈蚀，形制不明
16	德阳景福公社窖藏	瓶2、盘1、钵2、茶具20、烛台2、镜3、筷1、鼓形器1、盆3	陶缸，器物置于其内，缸口扣一铜盆	黑釉瓷碗、铁器	无	有唐代铜器
17	江油彰明窖藏	执壶1、瓶17、平底盘2、三足器1、爵1、铫1、烛台24、印5、匙4、筷1、鼎式炉4、熏炉2、象棋54、龟1、盆1	黑瓷罐，罐口盖一石板	石雕墨洗1、石尺1、石砚1	"大观通宝""崇宁通宝"	
18	南充仪陇县窖藏	釜1	一口大铁锅倒扣在一只三足两垂耳的铁炉上，炉体由一个四方形的铁圈垫置。炉下置铜锅一口，铁斧一把	铁器5：铁锅1、铁壶1、铁罐1、铁斧2	炉内有数百枚铜铁钱币。其中唐代铜币3种、北宋铁币1种、南宋铁币12种。最晚"端平元宝"	
19	资中亢溪乡窖藏	钵1	大小两个铁锅相向覆盖，器物置于其内	瓷器11：粉青釉瓷碗5、瓷盘6。铁器4：铁锅2、铁刀2。滴水瓦1	大量两宋铁钱，最晚嘉定年号铁钱	
20	雅安石棉县窖藏	铃1	器物置于陶罐内，罐上覆盖一平板石	陶器5：陶罐1、陶壶1、陶瓶2。青瓷碗1。铁器1	无	
21	彭山罐头厂窖藏	执壶2、烛台、筒形器1、盆2、豆形器7	器物置于铁罐内，上有铜盆覆盖罐口	旁有一窖，瓷器100：湖田窑影青釉斜腹碗23、盘13、菊花形碟24、冰裂纹碟1、梅子青釉浮雕莲瓣盘10、浅腹碗6、豆青釉盆式杯2、彭县窑白瓷杯5、广元黑釉杯14	无	该窖藏位于宋代彭山城内西门城墙死角位置。瓷器损坏1件
22	峨眉山市罗目镇窖藏(1985)	瓶16、碗3、钵1、烛台1、勺1	陶缸倒扣，里面有一条形石板，器物置于石板上	瓷器16：瓷瓶2、瓷盘2、瓷碟11、瓷鼎1。石洗1、石玩具1	无	
23	绵阳刘家河乡窖藏	瓶1	不明	陶壶1。铁器2：铁刀1、铁锄1	铜钱7，铁钱4，最晚为宋理宗宝庆年间(1225～1227年)所铸"大宋元宝"	

续表

编号	窖藏名称	出土铜器类型与数量	埋藏方式	共出器物	共出钱币	备注
24	绵阳刘家乡窖藏	盆 1	铜盆，器物置于其内	瓷器 7：碗 7	无	
25	广安大良乡窖藏	瓶 2、镰斗 1、盆 1	铁鼎罐，其上覆盖一铜盆	瓷器 37：碗 14、盘 5、碟 12、瓶 1	无	
26	剑阁县城小东街窖藏	鼎 1、瓶、爵 1、茶盏、烛台、灯 1、筷、博山炉 1、盆 1	土窖，左侧设置了灰色瓦筒排水	瓷器：白瓷碗 1、白瓷碟 1。陶器：碗 1、执壶 1、罐 1、谷仓罐 1、瓶 2。玉器：蟾 1、碾钵 1、狮 1、玉兽乘人雕 1、瓶 1、盒 1。方印 1。铁锅 1	不明	
27	雅安供销商场窖藏	瓶 3、印 1	不明	无	大量铁钱。北宋钱 20 种、南宋钱 10 种。最晚"端平通宝"	
28	巴中县医院窖藏	烛台 3、灯 1、铺首 2、青龙饰 4	圆形；铜罐，罐口盖一铁釜。铜罐四周置放有碗、盘瓷器和 4 条青铜铸造的龙。釜的口沿侧四方各置一烛台，并放有黑鱼瓷碗	瓷器 72：豆青釉碗 10、酱釉碗 5、灰绿釉碗 12、黑釉碗 4、灰绿釉盏 10、影青盘 9、影青碟 21、黑釉兔毫盏 1。陶罐 1。铁釜 1	无	
29	遂宁金鱼村窖藏	觚 2、瓶 4、碗 4、匜 1、熨斗 1、钟 2、樽式炉 1、铃 3	椭圆形	完整或可复原瓷器 985 件。青石雕琮式瓶 2	无	
30	彭州青铜器窖藏	琮 4、鼎 1、甗 10、尊 2、执壶 1、三足壶 2、扁壶 1、瓶 11、平底盘 1、三足盘 3、盒 1、方盆 1、釜 1、鼎式炉 1、筒形器 1、器座 1、铺首 2、构件 7、山形饰 1、鬲 1、豆形器 1	窖藏应为一个方形或长方形坑，器物原位置不明，形体较小的器物被置于形体较大的器物内，重叠放置	豆青釉瓷盖 1、石砚 2	无	
31	忠县中坝窖藏	钵 1、勺 1、熨斗 1	圆形弧壁平底坑，顶部扣一铜锅式器物（熨斗）	瓷器 103：龙泉窑碗 5、碟 5、盘 9、匜 1、玉壶春瓶 1、四川乐山西坝窑碗 64、四川巴县清溪窑盏 18。铁器 2：铁勺 1、铁钟 1	无	
32	江油犀牛村窖藏	甗 1、瓶 2	无	无	无	窖藏位于犀牛寺正殿前院落内。该寺之前也发现过铜器，被变卖，不明
33	广安武胜县窖藏	洗 1	器物置于银釜内，洗覆盖于银釜之上	瓷器 22：碗 10、碟 5、盏 7。陶器 22：盘 3、碗 1、碟 18。银釜 1。铁铧 1	无	
34	峨眉山市罗目镇窖藏（2002）	钵 2、筷 20	长方形。坑内南部放二石条，北部置放一釉陶罐，器物置于其内，上用石封盖	瓷器 61：瓷碗、瓷盏、瓷碟。水晶杯 1。釉陶罐 1	在旁边有另一窖藏 K1，其中出土大量铁钱。最晚"嘉定永宝"	
35	剑阁凉山乡宋代窖藏	瓶 1	土窖	不明	不明	
36	剑阁正兴乡宋代窖藏	釜 1	土窖	不明	不明	
37	剑阁汉阳乡宋代窖藏	麒麟踏蛇熏炉 1、砚滴 1	土窖	铁铣 1	不明	

本表资料来源:

1. 母学勇：《剑阁宋代窖藏综述》，《四川文物》1992 年第 3 期，第 15 ～ 20 页。

2. 大邑县文化馆：《四川大邑县安仁镇出土宋代窖藏》，《文物》1984 年第 7 期，第 91 ～ 94 页。

3. 温江县文化馆：《四川温江发现南宋窖藏》，《考古》1977 年第 4 期，第 287 ～ 288 页。

4. 黄石林：《江油县发现宋代窖藏》，《四川文物》1987 年第 2 期，第 63 ～ 66 页。

5. 翁善良：《成都南郊发现宋代窖藏铜器》，《考古与文物》1983 年第 6 期，第 105 ～ 107 页。

6. 成都市文物管理处、翁善良：《成都市发现的一处南宋窖藏》，《文物》1984 年第 1 期，第 94 ～ 96 页转第 35 页。

7. 曾昌林：《江油发现宋代窖藏》，《四川文物》1996 年第 3 期，第 74 ～ 75 页。

8. 平武县文物保管所、冯安贵：《四川平武发现两处宋代窖藏》，《文物》1991 年第 4 期，第 85 ～ 88 页。

9. 刘敏：《营山县发现宋代窖藏》，《四川文物》1985 年第 1 期，第 71 ～ 72 页。

10. 阆中县文化馆、张启明：《四川阆中县出土宋代窖藏》，《文物》1984 年第 7 期，第 85 ～ 90 页。

11. 胡亮：《大邑县出土宋代铜牛灯》，《四川文物》1984 年第 3 期，第 53 页。

12. 李明高：《广安县出土宋代窖藏》，《四川文物》1985 年第 1 期，第 67 ～ 70 页。

13. 四川省文物管理委员会、德阳县文物管理所：《四川德阳县发现宋代窖藏》，《文物》1984 年第 7 期，第 82 ～ 84 页。

14. 江油县文物管理保管所：《四川江油县发现宋代窖藏》，《考古与文物》1984 年第 6 期，第 52 ～ 55 页。

15. 王永平等：《仪陇立山乡发现南宋窖藏》，《四川文物》1988 年第 5 期，第 77 ～ 78 页。

16. 资中县文物管理所：《四川资中县出土窖藏宋代铁钱》，《考古》1987 年第 7 期，第 672 页。

17. 杨祖垲：《资中县亢溪乡宋代窖藏清理简报》，《四川文物》1997 年第 6 期，第 75 ～ 77 页。

18. 徐苹芳：《四川宋代窖藏及其历史背景》，《宋韵——四川窖藏文物辑粹》，中国社会科学出版社，2006 年，第 260 页。

19. 及康生：《石棉宰羊乡发现宋代窖藏》，《四川文物》1991 年第 2 期，第 72 ～ 73 页。

20. 帅希彭、方明：《彭山发现南宋窖藏》，《四川文物》1996 年第 1 期，第 61 ～ 63 页。

21. 陈黎清：《峨眉山市罗目镇出土宋代窖藏》，《四川文物》1990 年第 2 期，第 41 ～ 42 页。

22. 胥泽蓉：《绵阳刘家河出土的宋代文物》，《四川文物》1992 年第 1 期，第 67 ～ 68 页。

23. 何志国：《绵阳刘家乡发现宋代瓷器》，《四川文物》1989 年第 5 期，第 67 页。

24. 李明高：《广安县出土宋代窖藏瓷器》，《四川文物》1989 年第 3 期，第 60 ～ 62 页。

25. 胡昭曦：《广安县宋末大良城遗址考察》，《四川文物》1985 年 1 期，第 15 页。

26. 余永恒、李一都：《雅安发现宋代铁钱窖藏》，《四川文物》1992 年第 5 期，第 58 ～ 59 页。

27. 程崇勋：《巴中县出土宋代窖藏》，《四川文物》1984 年第 4 期，第 48 ～ 50 页。

28. 遂宁市博物馆、遂宁市文物管理所：《四川遂宁金鱼村南宋窖藏》，《文物》1994 年第 4 期，第 4 ～ 28 页。

29. 成都市文物考古研究所、彭州市博物馆：《四川彭州青铜器窖藏》，《文物》2009 年第 1 期，第 54 ～ 70 页。

30. 四川文物考古所等：《忠县中坝遗址宋代瓷器窖藏发掘简报》，《四川文物》2001 年第 2 期，第 79 ～ 80 页。

31. 黄石林：《江油发现精美宋代窖藏铜器》，《四川文物》2004 年第 4 期，第 8 ～ 9 页。

32. 广安市文体局、武胜县文管所：《武胜县谷坝村宋代陶瓷器窖藏发掘简报》，《四川文物》2002 年第 3 期，第 22 ～ 24 页。

33. 四川省文物考古研究所、峨眉山市文物管理所：《峨眉山市罗目镇窖藏发掘简报》，《四川文物》2003 年第 1 期，第 11 ～ 21 页。

注释：

1. 徐苹芳：《四川宋代窖藏及其历史背景》，《宋韵——四川窖藏文物辑粹》，中国社会科学出版社，2006，第 257 页；史占扬：《重要的考古成果珍贵的出土文物——四川古代窖藏琐记》，《四川文物》2002 年第 4 期，第 17 页。

2. 为方便论述，本文所称"宋代铜器窖藏"均指代出土有铜器的宋代窖藏，并不特指出土铜器较多或纯粹出土铜器的宋代窖藏。若两个窖藏为同一地点同时发现的同时期窖藏，本文则认为其出土器物均算共出关系，在相关分析中，视为一个整体。

3. 徐苹芳：《四川宋代窖藏及其历史背景》，《宋韵——四川窖藏文物辑粹》，中国社会科学出版社，2006，第 261 页。

4. （宋）乐史撰：《太平寰宇记》卷八十四剑南东道三，《景印文渊阁四库全书》，台湾商务印书馆，1983 年，469 册，第 684 页。

5. （宋）乐史撰：《太平寰宇记》卷八十三剑南东道二，中华书局，2007 年，第 1664 页。

6. （清）顾祖禹撰，贺次君、施和金点校：《读史方舆纪要》卷五九·陕西八·阶州条，中华书局，2005 年，第 2848～2849 页。

7. （宋）乐史撰：《太平寰宇记》卷八十三剑南东道二，《景印文渊阁四库全书》，台湾商务印书馆，1983 年，469 册，第 676 页。

8. 四川省剑阁县志编纂委员会编纂：《剑阁县志》，巴蜀书社，1992 年，第 1～2 页。

9. 四川省剑阁县志编纂委员会编纂：《剑阁县志》，巴蜀书社，1992 年，第 128 页。

10. （宋）乐史撰：《太平寰宇记》卷八十四剑南东道三，《景印文渊阁四库全书》，台湾商务印书馆，1983 年，469 册，第 680 页。

11. （清）顾祖禹撰，贺次君、施和金点校：《读史方舆纪要》，卷五六·陕西五·汉中府条，中华书局，2005 年，第 2670～2671 页。

12. 剑阁县文物保护管理所编：《剑阁县文物志》，1985 年，第 173～174 页。

13. 陈芳妹：《追三代于鼎彝之间——宋代从"考古"到"玩古"的转变》，《故宫学术季刊》2005 年第 1 期，第 292 页。

14. 谢涛：《彭州窖藏出土宋代仿古青铜器的初步认识》，《四川文物》2007 年第 1 期，82 页。

15. （清）徐松辑：《宋会要辑稿》，新文丰出版股份有限公司，1976 年，2764 页。参考成明明：《北宋馆阁与文学研究》，中国社会科学出版社，2007 年，第 48～51 页。

16. （元）脱脱等撰：《宋史》卷三百七十七，中华书局，1977 年，第 11642 页。

17. 参考王霞：《宋明清仿制三代青铜礼器原因考》，《中原文物》2005 年第 5 期，第 57 页。

18. 如《太常因革礼》卷十五关于牛羊豕三鼎的讨论即称"礼官奏阮逸等所造三牲鼎样与三礼图并同。"（宋）欧阳修等撰：《太常因革礼》卷十五，《续修四库全书》，上海古籍出版社，2002 年，821 册，第 407 页。

19. （宋）陈祥道撰：《礼书》，《景印文渊阁四库全书》，台湾商务印书馆，1983 年，130 册。

20. 参考陈芳妹：《宋古器物学的兴起与宋仿古铜器》，《美术史研究集刊》第十期，台湾大学艺术史研究所，2001 年，第 40～44 页。

21. 彭婵娟：《〈玉海·艺文〉所引宋代文献研究》，广西师范大学硕士学位论文，2016 年，第 63 页。

22. 参考陈芳妹：《宋古器物学的兴起与宋仿古铜器》，《美术史研究集刊》第十期，台湾大学艺术史研究所，2001 年，第 41 页。原文两个年号似乎有误，政和五年当为 1115 年，宣和元年当为 1119 年。

23. 郑嘉励：《从黄石墓铜器看南宋州县儒学铜礼器》，《浙江省文物考古研究所学刊》第 9 辑，科学出版社，2009 年，第 353 页。

24. （宋）礼部太常寺纂修，（清）徐松辑：《中兴礼书》卷九嘉礼九，"郊祀祭器一"，《续修四库全书》，上海古籍出版社，2002 年，822 册，第 36 页。

25. 郑嘉励：《从黄石墓铜器看南宋州县儒学铜礼器》，《浙江省文物考古研究所学刊》第 9 辑，科学出版社，2009 年，第 353～354 页。

26. 相关讨论请参见许雅惠：《〈宣和博古图〉的"间接"流传——以元代赛因赤答忽墓出土的陶器与〈绍熙州县释奠仪图〉为例》，《美术史研究集刊》第十四期，台湾大学艺术史研究所，2003 年；郑嘉励：《从黄石墓铜器看南宋州县儒学铜礼器》，《浙江省文物考古研究所学刊》第 9 辑，科学出版社，2009 年。

27. 四川省文物管理委员会、彭山县文化馆：《南宋虞公著夫妇合葬墓》，《考古学报》1985 年第 3 期，第 397 页。

28. （明）高濂：《遵生八笺》卷十四，"论古铜器具取用"条，《景印文渊阁四库全书》，台湾商务印书馆，1983 年，871 册，第 707 页。

29. （明）张谦德：《瓶花谱·品瓶》，（明）张谦德、袁宏道著，张文浩、孙华娟编著：《瓶花谱 瓶史》，中华书局，2012 年。

30. 关于此点的论述可参见王牧：《中国南方地区宋元时期的仿古铜器》，《南方文物》2011 年第 3 期，第 143～155 页。

"稽古维新"展览的内容创作与展陈设计

蔡明　周欣

利用馆外文物资源，举办各种不同主题的临时专题展览，越来越成为目前各地博物馆的主要展览模式，也是丰富市民文化生活、弥补自身展览不足、进行馆际文物交流的常见举措。与常设展览不同，这些展览的文物或实物展品大多借自其他博物馆，展览时间一般为 2 至 6 个月，筹展时间多不超过一年。面对这些不甚熟悉的文物，要在短时间内完成内容设计、形式设计、现场布展等工作，展览还要获得观众的认可，筹展人员需要付出相当多的心血与努力。

临时专题展览的大纲，或由借出方拟定，或由借入方编纂。前者主要是一些成熟的巡回展览；后者或由借入方自行组织展品而编订大纲，或由借入方根据自身需求、展场实际情况与研究能力，对一些成熟展览的大纲进行完善或重新制定。深圳博物馆专题展览的大纲编写，大多属于后者，如曾举办的"融会释儒 法效百工"与"玄色之美"这两个展览[1]，"稽古维新"展览亦是如此。展览大纲的编写，包括内容设计与形式设计两个方面，本文拟以此次展览为视角，探讨内容与形式设计的经验与不足。

一、分析文物内涵与确立展览主题

文物自身的审美价值足以吸引观众，但这并非当代观众参观展览的唯一目的。每一件文物都有其产生的背景与存在的脉络，正是这些信息给予文物特殊的价值。因此，从 1980 年代开始，"从物到事"的"信息定位"型展览成为目前博物馆文物展览的主流，即以某种逻辑将展厅中大量孤立的文物，凝聚在一个展览主题与故事线中，传递展览信息与知识[2]。可见，将各类文物有机地统一在某个主题之下，是做好展览的关键。展览主题的确立，需要准确理解文物内涵，即时代特色、艺术价值、工艺特征、功能用途、历史文化、社会风貌等。

本次展览的文物包括铜器、金银器两类，时代横跨宋、元、明三代，以铜器居多。其中大部分的铜器造型仿自商周青铜礼器，且以祭器为主。这类仿古铜器，是在宋代金石学兴起、朝廷重制礼器的影响下出现的[3]，有着鲜明的时代背景与文化内涵。相关器物学研究[4]与绘画、壁画等图像资料表明，此时期铜器、金银器的使用，多见于文人士大夫这一群体。仿古铜器中有一部分为家庙、儒学祭器，当时只有士大夫才能建立家庙，即将或已经参加科举的读书人才能参加儒学祭祀，因此仿古铜祭器的使用者亦为文人士大夫。

宋朝"以儒立国"，重用文臣、崇儒礼士，皇帝"与士大夫共治天下"是当时国家治理的政治构架[5]。士大夫是当时社会的政治精英，其中大部分是由文人经科举而晋升，学识素养较高，因此又是当时的文化精英。宋代文人士大夫对日常生活与文艺活动中高雅品位的追求，在其文章、诗词、绘画等文学艺术作品中多有体现。忌俗尚雅，成为文人士大夫保持其社会精英地位的一个特殊属性[6]。这种对于尚雅的追求，遗传至元明二代文人士大夫的精神基因中。

由此可知，此次展览的文物内涵，主要体现了宋元明时期文人士大夫的生活。展览应以此为主题，展示当时士人的日常生活与精神生活，同时叙述文物的造型、纹饰、功用等知识。在内容设计与形式设计中，应该要体现出"雅"的风格，以契合当时士人尚雅的精神风貌。

二、展览名称与展标设计

如前文所述，宋元明的部分铜器为仿古造型，另有一部分铜器则以此为基础，在器形、纹饰与功能上又有了创新。宋元明的金银器同样也有"古"与"新"：与唐代金银器明显受外来风格影响不同，两宋是金银器的器形、纹饰不断演变并逐渐定形亦即中土化的时代，元明清则承袭两宋之旧[7]。金银器的新风格自宋代开始逐渐确立。

"古"与"新"，是对这批文物特色的高度概括，用于展览名称是合适的。参考部分学者的论文与学术报告[8]，经多次讨论，展览名称的主标题定为"稽古维新"。这四字皆有典故："稽古"出自《尚书·尧典》中"曰若稽古帝尧"之语，"维新"出自《诗经·大雅·文王》中"周虽旧邦，其命维新"一句。其含义与文物特征相契合，而文言般的表达方式又显得古朴典雅。这批文物来自湖南的六家文博单位，来源以征集居多，铜器多于金银器，因此副标题确定为"湖南省宋元明铜器与金银器展"。

展标设计，包括展厅大门展标墙、海报、宣传册封面的设计，相当于展览的门面。展标的内容要素包括展览名称、时间、地点、主办单位，以及典型器物或纹饰的图片。设计要素则有构图、字体、图案、颜色等。

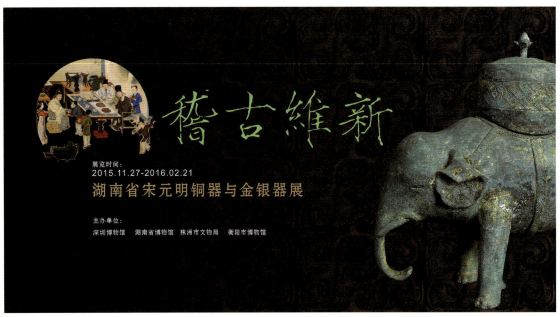

图 1　展标墙的设计

展标墙为720（长）×390（高）厘米的横长方形，因此采用横向编排的三分构图法（图1）。主图选用元代铜象尊，位于画面右部。此为典型的仿古铜礼器，与展览名称也相吻合；其动物造型似有一种动感，裁剪后的图案给人一种大象由画外进入画内的错觉，延伸了展标的画面感。

受限于展览开幕前已有文物照片的清晰度、角度等问题，展标墙的背景图没有选用金银器，而是选自元代"文靖书院"铜簋器盖的兽目纹。这种图案仿自商周青铜器纹饰，可以排列组成不同尺寸的连续单元。背景图以渐变黑色为底色，强烈的色彩对比能烘托出展标上的主要内容，而且黑色还能带来庄重典雅的感觉。

展标墙中部为展览名称的主标题，其字体应与文物内涵、标题含义相契合，宋徽宗的瘦金体正是最佳选择，原因有三：1. 瘦金体为宋徽宗所创，笔致劲健、潇洒自若、清新素雅，既是时人所写，又有艺术美感；2. 宋徽宗有着较高的文学素养与艺术成就，可谓当时文人雅士的最佳代表[9]；3. 宋徽宗主持编纂的《宣和博古图》，为宋代金石学的集大成者。为确保"稽古维新"四字的瘦金体风格，此四字均辑自宋徽宗的《千字文》横轴。字体颜色为绿色，与铜器颜色相协调。

展标中若有时人所绘、反映展览主题的图画作品作为副图，可达点睛之用。明代仇英、杜堇分别绘作的《竹院品古图》（图2）与《玩古图》（图3），都反映了文人士大夫藏古、赏古的时代风貌与风雅趣味，画作风格又素雅别致，均为副图之选。相较而言，前者颜色丰富，可避免展标色彩过于单调。副图上半缘处理成圆形，视觉感相对柔和；以展标的底色取代画作原有的"地面"，增强了副图与背景图的相融感。副图不宜过大，不能有喧宾夺主之嫌。

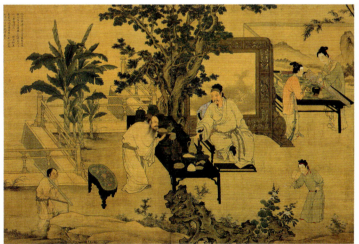

图2　明　竹院品古图　故宫博物院藏　　　　　　图3　明　玩古图　台北故宫博物院藏

展标的左部与中部是副标题、时间、主办单位等，这些文字内容须简明直观，因此为标准的宋体。考虑到展标的画面平衡感，根据文字内容的长短，排版时将副标题与主标题隔开，而与展览时间构成一组，主办单位为另一组。为突出展览名称，展览时间与主办单位的字体颜色为白色，而副标题为金色。

海报（图4）与宣传册封面（图5）均为纵长方形，字体、图案、颜色等要素与展标墙一致，构图却以二分法为宜，主、副标题为纵向排版。海报与宣传册封面曾有一稿保留副图（图6），但此画作既非展品，又占幅太大，喧宾夺主之感甚为明显，于是取消了副图。

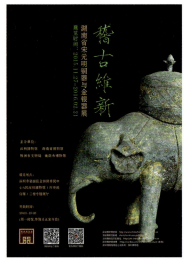

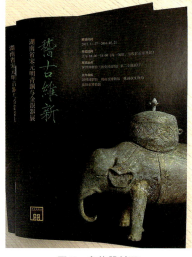

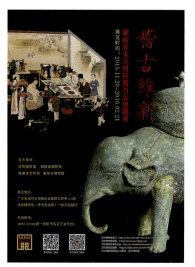

图4　海报　　　　　　　　　图5　宣传册封面　　　　　　　图6　有副图的海报设计

三、陈展方案与展柜定位

展览通过文物的陈列组合来表达历史内容，进行直观教育[10]。因为文物展览的信息容量一般较大，合理的单元层级将提升观众对知识的吸收能力[11]。因此，在一个主题的统领下，需要依据一定的叙述逻辑，将展览划分为不同层级的陈列单元，而时代、器形、功能均是常见的叙述逻辑。本次展览时代跨度大、器形多样，显然前两类并不合适。若以功能为叙述逻辑，不仅可以直观地反映古人的生产方式与社会生活，还能涵盖不同时代、种类的器形[12]。这完全能体现出本次展览的主题，即宋元明士人的日常生活与精神生活。

"复兴的铜器艺术——湖南晚期铜器展"与这次展品略同，其单元划分为本次展览提供了有益的借鉴（表1）[13]。宋元明时期，部分铜器的功能出现了变化，如酒器中的觚、尊、壶等用于插花，食器中的鼎、簋、鬲多为香炉[14]；酒器中的象尊、牺尊等，食器中的豆、簠、盨等，基本不用于日常生活，多为宗庙、社稷、宣圣等祭祀用器[15]。此外，用于堂供祭祀的香炉与用于书斋中的香炉，器形可能相近，唯大小有别，较难完全区分。

表1　"复兴的铜器艺术——湖南晚期铜器展"的单元结构

第一部分　兴盛的宗教造像		第二部分　庄重的神坛礼器						第三部分　精致的把玩摆件		
壹	贰	壹	贰	叁	肆	伍	陆	柒	壹	贰	叁
佛教造像	其他塑像	供器	水器	酒器	食器	乐器	浏阳文靖书院礼器	陶澍家祠礼器	动物形器	香具	文具

参考多位学者的研究成果，并结合此次展品的自身特色，我们确立了自己的陈展方案与单元划分（表2）。整个展览分为三个一级单元，一、二单元均为铜器，但功能有别：第一单元是可

表2 "稽古维新——湖南省宋元明铜器与金银器展"的单元结构与展板

一级单元及名称	二级单元	展板	通柜编号
第一单元 法古悦新 —— 宋元明铜器		第一单元前言	1
	鼎炉烛台类	堂供炉具	1
		书斋焚香	1
	瓶壶类	香花供养	2
		书斋赏花	2
		炉瓶三事	2
	酒水器类	酒水之趣	2
	乐器类	观听之美	2
	文房赏玩类	文房清供	3
		书房情致	3
		投壶	3
第二单元 崇德报功 —— 宋元明宗庙与儒学祭器		第二单元前言	4
	(非文靖书院的宗庙与儒学祭器)	宗庙祭祀与文庙	4
		宣圣祭祀	4
		明代宣圣祭祀	4
	(文靖书院类祭器)	惟楚有才,于斯为盛	5
		元代书院与元代宣圣祭祀	5
		其他地区宋元明儒学祭器	5
		文靖书院	5
第三单元 新造奢华 —— 宋元明金银器		第三单元前言	6
	杯盏类	酒盏与酒杯	6
		花式盏	6
	盘碟类	果菜盘碟	6
		盘盏	7
		银盘纹饰	7
	日用生活与装饰类	胆瓶与茶匙	8
		玉壶春瓶与事件儿	8
	(机动展板)	湖南地区宋元金银器	6
		宋代金银价格	喷绘墙

用于宗庙与儒学祭祀之外的各类铜器;第二单元则是明确用于宗庙与儒学祭祀的铜器,这类器物可根据铭文或器形来辨别;第三单元则为金银器。每个一级单元的名称采用主标题加副标题的模式,主标题点明文物内涵,副标题指出文物类别[16]。第一单元依功能再分为五个二级单元;第三

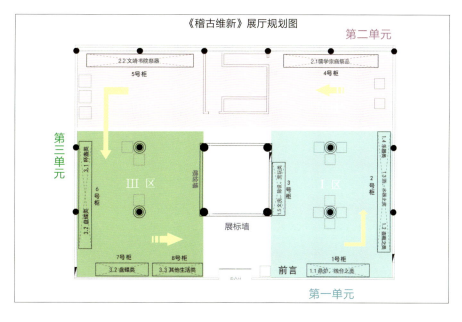

图7 展厅布局及展柜与文物位置示意图

单元则同时参考器型与功能，分为三个二级单元；第二单元不分二级单元，但为强调文靖书院祭器的特殊性，还是通过展柜将之与其他祭器分隔。与一级单元不同，每个二级单元均没有前言，相互之间的区分依靠展板的细节差异与展柜、展台的运用，后文将有说明。二级单元内部每一件文物的具体陈列顺序，则以器形与时代为原则。

文物的陈列顺序一经确定，就要明确文物在展柜中的具体位置。在未见实物的前提下，只能根据文物清单中的尺寸来预估定位。举办此次展览的第二层专题展厅，面积为 500 平方米，有 8 个通柜。展厅被中间的设备间分成左右两个小厅，由分别位于展厅门口、两个设备间之间的两个通道相连（图 7）。参观路线是由右厅而入、左厅而出。经综合考量，整个展厅被分为三个展区：I 区为第一单元，包括 1～3 号通柜与 7 个独立柜；II 区为第二单元，横跨左右两个展厅，包括 4、5 号通柜与 5 个独立柜；III 区为第三单元，包括 6～7 号通柜与 2 个独立柜。同一二级单元的文物尽量在一个通柜内，器形特殊或艺术欣赏价值较高的文物，则置于独立柜内（参见图 7、表 2）。

四、说明牌与展板的制作

说明牌与展板，是传递文物信息的一个载体，是观众求知的一个工具，并非一种可有可无的装饰。在没有多媒体、复原场景等其他陈展手段时，或者在没有讲解员的情况下，说明牌与展板承担了文物与观众之间的主要交流。其中，说明牌用于单件文物基本信息的介绍，展板则侧重于对文物内涵的展现。

说明牌的内容基本是文字，一般包括名称、时代、尺寸、收藏来源、器物描述等五项。但这次部分文物的铭文不便展示，因此有些说明牌上增加了铭文的照片或拓片，因此形成了两种规格的说明牌：小的为 8×15 厘米，仅为文字（图 8）；大的为 12×25 厘米，有文字与图片，并根据文字与图片的多少或大小，相应地调整排版（图 9、10）。为保证展览风格的一致性，所有说明牌的设计要素均相同。背景图案与展标一致，文字的字体、字号与颜色依内容不同而有所调整。一般而言，背景图的底色较浅，文字颜色较深，这样比较有利于阅读[17]。

深圳博物馆的活动展板有三种规格：100×200 厘米（只能为纵向，多用于单元前言）、80×120 厘米（可纵向与横向）、100×100 厘米。鉴于 100×100 厘米展板已被用于另一展览，80×120 厘米展板是这次的唯一选择。展柜、展板的尺寸决定了展板使用数量的上限，展板过多则显密，过少则显空；展板内容由文物内涵与文物位置决定。鉴于此，我们共制作了 29 块展板（参见表 2）。

展板的内容由文字与图片组成。文字适于精准地阐述抽象的概念性信息；图片有解说、加强、

图 8　小规格说明牌

图 9　大规格说明牌（左文右图的排版模式）

图 10　大规格说明牌（左图右文的排版模式）

比较与装饰的功能，能快速吸引观众视线。二者相结合比单独使用一种方式更能有效加深观众对专业知识的理解[18]。所以，图文对应是当前博物馆展板设计的主流模式。

展板内容是对文物内涵的解读，应言之有物、言之有据，这就要求撰写者必须有较强的专业素养、丰富的专业知识，在筹展期间，需要研读大量的专业论文、文献与考古资料。就本展览而言，与展板内容相关的文字资料就已阅读近百万字（表3），这还不包括内容没有体现在展板上的资料。图片的使用也是有讲究的。只有与文物同时代的绘画、壁画等图像材料，才能较为真实地反映当时人们的生活境况。因此，翻阅、查找大量的相关图录（表4），从中收集、选取有用的图像资料，是极为必要的。与部分文字资料可上网查阅不同，图录必须为正规出版社出版的纸张资料，其图像作品多为文博单位收藏或考古发掘出土。展板上的图片是有精度要求的，而网上的图片多有失真、模糊、来源不明的问题。于是，博物馆资料室的藏书种类与数量，对于展板甚至展览质量至关重要；当然，较好的扫描仪也是获取较高精度图片的必备工具。

表3　"稽古维新"展览筹备过程中参考的部分文字资料

	著作或论文题目	文献来源与出版信息	页数或字数
第一单元相关资料	《铄古铸今——考古发现和复古艺术》	三联书店，2007年	63千字
	《宋代仿古青铜礼器研究》	中国艺术研究院硕士学位论文，2011年	139页
	《宋元仿古青铜器上的纹样》	《收藏家》2010年第10期	8页
	《新安沉船出水仿古器物讨论——以炉瓶之事为中心》	《故宫博物院院刊》2013年第5期	27页
	《中国南方地区宋元时期的仿古青铜器》	《南方文物》2011年第3期	15页
	《法古悦新——宋元明清的铜器取用》	《复兴的铜器艺术——湖南晚期铜器展》，中华书局，2013年	16页
	《宋元时期流行的一种多层纹样铜瓶》	《复兴的铜器艺术——湖南晚期铜器展》，中华书局，2013年	6页
	《稽古作新：宋以降鼎形容器的社会功能与文化内涵》	《鼎盛中华——中国鼎文化》，大象出版社，2013年	37页
	《两宋香炉源流》	《中国典籍与文化》2004年第1期	23页
	《宋代花瓶》	《故宫博物院院刊》2007年第1期	19页
	《略论秦汉至两宋时期的香料》	《文物》2013年第5期	7页
	《宋墓装饰映射的宋代家庭陈设风尚》	《民俗研究》2012年第3期	9页
	《宋元家居及装饰研究》	南京理工大学硕士学位论文，2007年	83页
	《从明代刻本插图及绘画作品看文人书房家具陈设》	《家具与室内装饰》2013年第3期	3页
	《中国古代投壶游戏研究》	陕西师范大学硕士学位论文，2010年	68页
	《投壶——古代寓教于乐的博戏》	《文博》2008年第3期	4页
第二单元相关资料	《中国古代书院》	商务印书馆，1998年	81千字
	《元代国家祭祀研究》	南开大学博士学位论文，2012年	825页
	《明代国家祭祀制度研究》	中国社会科学出版社，2011年	430千字
	《元代书院的历史发展》	《纪念〈教育史研究〉创刊二十周年论文集（3）——中国教育制度史研究》，2009年	6页
	《元代文庙祭祀初探》	《暨南史学（第三辑）》，暨南大学出版社，2004年	22页
	《书院祭祀的教育及社会教化功能》	《湖南大学学报》（社会科学版）2005年第3期	5页
	《书院祭祀与时代学术风尚的变迁》	《东南学术》2011年第6期	9页
	《仪式崇拜与文化传播——古代书院祭祀的社会空间》	《现代哲学》2006年第3期	7页
	《论南宋至明代广东书院的祭祀变迁》	《内江师范学院学报》2012年第7期	6页
	《孔庙的祭祀》	《中国文化遗产》2014年第5期	8页
	《明洪武时期祭孔仪制考论》	《唐山师范学院学报》2011年第3期	5页
	《国家与礼仪：元明二代祀孔典礼的仪节变化》	《中山大学学报》（社会科学版）1999年第5期	13页
	《明代河南府、州、县庙学建筑平面与规制探析》	《中国建筑史论汇刊（第叁辑）》，清华大学出版社，2010年	38页
	《对黑城出土的一件祭祀文书的考释》	《西夏研究》2011年第4期	7页
	《论湖南书院与湖南地方文化》	《湖南大学社会科学学报》1992年第2期	7页
	《湖湘学派源流与经世致用》	《湖南师范大学社会科学学报》2003年第6期	4页
	《宋代铜豆初探》	《复兴的铜器艺术——湖南晚期铜器展》，中华书局，2013年	17页
	《元代书院与明代文庙祭器》	《复兴的铜器艺术——湖南晚期铜器展》，中华书局，2013年	11页

续表

	著作或论文题目	文献来源与出版	页数或字数
第二单元相关资料	《馆藏宋元明清祭器探讨》	《复兴的铜器艺术——湖南晚期铜器展》，中华书局，2013 年	7 页
	《〈宣和博古图〉的"间接"流传——以元代赛因赤答忽墓出土的陶器与〈绍熙州县释奠仪图〉为例》	《美术史研究集刊》第十四期，台湾大学艺术史研究所，2003 年	26 页
第三单元相关资料	《奢华之色——宋元明金银器研究》卷三	中华书局，2011 年	150 千字
	《湖南宋元窖藏金银器丛考》	《湖南宋元窖藏金银器发现与研究》，文物出版社，2009 年	80 页
	《湖南宋元窖藏金银器铭文考释》	《湖南宋元窖藏金银器发现与研究》，文物出版社，2009 年	7 页
	《湖南出土金银器》	湖南美术出版社，2009 年	321 页
	《从墓葬中的"茶酒题材"看元代丧祭文化》	《边疆考古研究（第 6 辑）》，科学出版社，2008 年	21 页
	《金泥玉屑丛考》	中华书局，2007 年	283 千字
	《宋代官吏的俸禄》	《历史研究》1994 年第 3 期	14 页
	《中国科学技术史》	科学出版社，2001 年	744 千字

表 4　"稽古维新"展览筹备过程中参考的部分图像资料

图录名称	编辑者与出版方	分册	分册名称	图片、文物数量
《故宫博物院藏文物珍品全集》	故宫博物院，商务印书馆（香港）有限公司	卷 4	元代绘画	139 幅画作
		卷 5	皖体浙派绘画	124 幅画作
		卷 6	吴门绘画	128 幅画作
		卷 7	松江绘画	106 幅画作
		卷 8	明清肖像画	141 幅画作
		卷 9	明清风俗画	85 幅画作
		卷 10	金陵诸家绘画	120 幅画作
		卷 16	皖浙绘画	118 幅画作
		卷 28	青铜生活器	209 件文物
		卷 45	元明漆器	208 件文物
		卷 48	文房四宝·纸砚	169 件文物
《故宫经典》	故宫博物院，紫禁城出版社		文房清供	314 件文物
			故宫青铜器图典	262 件文物
《故宫藏画大系》	台北故宫博物院	卷一	唐五代名画、两宋名画	50 幅画作
		卷二	两宋名画	50 幅画作
		卷三	赵氏一门、元四大家	44 幅画作
		卷四	元画墨妙	56 幅画作
		卷五	明四大家	46 幅画作
《中国出土壁画全集》	徐光冀，科学出版社	卷 1	河北	204 幅图版
		卷 2	山西	217 幅图版
		卷 3	内蒙古	226 幅图版
		卷 4	山东	227 幅图版
		卷 5	河南	208 幅图版
		卷 6	陕西 上	214 幅图版
		卷 7	陕西 下	214 幅图版
		卷 8	辽宁、吉林、黑龙江	210 幅图版
		卷 9	甘肃、宁夏、新疆	216 幅图版
		卷 10	北京、江苏、浙江、福建、江西、湖北、广东、重庆、四川、云南、西藏	216 幅图版
《故城寺壁画》	河北省文物研究所等，科学出版社			259 幅图版
《山西寺观壁画》	山西省古建筑保护研究所，文物出版社			374 幅图版
《山西佛寺壁画》	柴泽俊等，文物出版社			258 幅图版
《永乐宫壁画》	萧军，文物出版社			275 幅图版
《湖南宋元窖藏金银器发现与研究》	湖南省博物馆，文物出版社			610 件文物
《复兴的铜器艺术——湖南晚期铜器展》	陈建明，中华书局			138 件文物

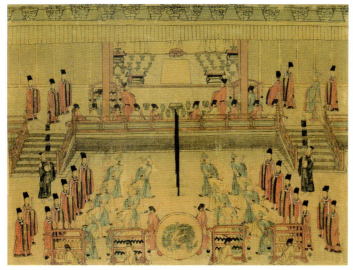

图 11　南宋 宋高宗书孝经马和之绘图（局部）台北故宫博物院藏　　图 12　北宋 文会图轴 台北故宫博物院藏

　　为突出展览主题，展板内容以文物功能为立足点，力求多方位、多层次地展现当时士人的日常生活与精神生活，这从展板题目中可窥见一斑（参见表2）。除以当代白话文描述外，展板中还经常引用当时诗词、笔记小说等资料中的语句，既文辞淡雅，又能佐证知识点。展板的图片多来自宋元明的文人画或院体画，画作雅致，观众不仅能从中直观地了解文物功能与古人的生活场景，还能感受到当时文人士大夫的尚雅精神。

　　具有统领性质的前言展板，应有能体现该单元特征与文物内涵的图片。明代鸡首提梁铜盉、元代"文靖书院"兽目纹铜簠与宋末元初的龙纹银托盏作为仿古铜器、儒学祭器与金银器的典型器物，明代杜瑾的《玩古图》（参见图3）、《宋高宗书孝经马和之绘图》的祭祀场景（图11）、宋徽宗的《文会图轴》（图12）等直观反映器物使用的图片，分别用于三个单元的前言展板。经过裁剪的图片，与文字的衔接更加和谐，对角线对称与上下对称的版式使得版面重心更加平衡（图13）。展板背景的图案、底色与展标相同，使设计风格趋于一致。

图 13　三个单元的前言展板

同一单元所有展板的背景图案与底色均相同，方便观众区分不同单元的文物与展板。背景图案经过淡化，呈现出若隐若现的底纹，浅色底也利于观众的阅读。如第一单元的铜器多为书房之用，该单元展板的背景图为《玩古图》，底色青蓝，隐隐显现出文人书斋生活的恬淡素雅（图14）；第二单元为《宋高宗书孝经马和之绘图》的祭祀场景，青灰底色可凸显出祭祀时的庄重感（图15）；第三单元的金银器多见于文人的雅聚集会，展板以《文会图轴》为背景图，浅黄底色既与金器色泽略近，暖色调让人感受到文人间推杯换盏的热络气氛（图16）。此外，每个展板左上角的颜色条带内，以斜体字注明二级单元名称，强调了该展板内容所涉及的文物类别，如"瓶壶类""杯盏类"等。

图14　第一单元的展板　　　　　图15　第二单元的展板　　　　　图16　第三单元的展板

鉴于文字、图片比较丰富，此次展板的设计在一定程度上借鉴了杂志页面的排版模式[19]。较浅的纯色背景，加之展板上的各类图片，使得整个版面的色彩更加活跃丰富。多个图片的组合，通过不同的编排模式，使排版呈现变化与层次，在视觉上起到了聚拢的效果。如图14的下图，将两张图片并排置于纯黑的底色中，既突出了图片，又通过黑色强调了典雅之感；图16的左上图，以回形的白色线条串起三张图片，表明了图片的组合关系。在不破坏图片整体效果的前提下，需强调的局部细节在版面的留白处予以放大，并以折线相连（参见图14、16）。文字与图片的组合尽量符合"贴近与远离"的原则，即内容有关联的图文相贴近，无关联的则有一定距离，这使展板更具条理性，也更容易理解[20]。如图16，即便不仔细看内容，也能明显看出上段文字与左上图、右上图相关，下段文字与下图相关。此外，若文字太多，采用分栏排列（图17），可避免因行太长造成的阅读障碍[21]。

图17　展板下端文字的分栏排列

五、展场布置

展览呈现给观众的最终状态，是文物、展标、展板、展柜、展台、灯光、展场环境等各类要素的有机组合，布置、调整以上要素，也是烘托展览主题、凸显展览单元层级、展示文物美感的一种手段。

一个通柜内可能有多个二级单元的文物，没有前言展板时可以调整展台实现二级单元之间的分隔。如2号通柜内有"瓶壶类""酒水器类"与"乐器类"三个二级单元，将各展台之间留有一定距离，配合后面的展板，就有了这些文物属于不同二级单元的即视感（图18）。文物的高低尺寸差异较大，为满足部分观众的观赏需求，展台的高度需要适时调整，这种错落有致的陈列也避免了整齐划一般的单调。内容相关的展板与文物也应遵守"贴近"原则，如"书斋赏花"展板展示了铜觚插花、贯耳铜瓶为三供中的插花器等图片，该展板就位于这两类文物的上方（图19）。

图18 通过展台分隔二级单元　　　　　　　　　图19 内容相关的文物与展板

此次展览的展场布置还是有些不尽如人意的地方。通柜是不可移动的，独立柜与通柜的颜色、规格等都是固定的，难以实现展厅的空间设计，使得展厅风格与展览内容脱节。柜内顶部与展厅天花的展灯均为向下照射，一些口大身细的文物，其器身纹饰陷于阴影之中，观赏效果极不理想。此外，没有明确的展线导览指示，很多观众是从末尾开始参观，展览入口处应该有一个类似于图7的导览图，为观众理解展览空间、单元层级、各空间主题做好准备，让观众进入展厅后对出现的标题、知识点有一定的熟悉感，容易产生认同感[22]。

六、余论

从目前的反馈来看，此次展览初步达到了预期目的，既展现宋元明士人的日常生活与精神生活，也让观众感受到了"雅"的风格。深圳《晶报》指出，宋元明士人含蓄素雅的"生活美学态度，能帮助都市人抵抗忙碌带来的焦虑和烦躁"[23]，展览也获得一些网友评价（图20）。然而，这并不表示这个展览有多好，只能说在现有条件下做得比较中规中矩。

受到客观条件的限制，此次展览的内容与形式只能局囿于图文展板这种平面设计之中了。若

#物华#20151206 深圳博物馆"稽古维新——湖南省宋元明铜器与金银器展"。深博这个特展做得很上心，展板上的解说词文字雅正，配图多引自各馆珍藏书画作品，看完非常涨知识。@深圳博物馆@湖南省博物馆

12月7日 00:39 来自 微博 weibo.com　　　　　　　转发3　评论2　👍2

图20　微博网友的评论

能对展厅进行整体设计，或许能让观众在感官上穿越历史，透过文物与古人神交。说明牌与展板上丰富的内容，虽然较全面地阐述了文物的基本知识与历史背景，但或许与观众能现场观察的内容相重合，也可能湮没了重要信息，甚至会对观众造成阅读疲劳与信息选择上的困扰[24]。这次的内容与形式设计还算匹配，这是因为遵循了以下原则：内容是一个展览的根本，形式必须遵从于内容；形式可以烘托内容，应该鼓励、尊重形式设计在遵从内容的基础上有所发挥。这就要求：内容设计者要了解展陈手段与设计艺术，能准确指出文物或历史时代的艺术形式与艺术风格；形式设计者更要熟悉文物与历史知识，能提炼出文物的艺术风格或某个历史时段的审美风尚，从文物与历史中获得设计灵感，不能天马行空般地随意发挥。内容与形式不应该是"两张皮"，更不能出现"关公战秦琼"般的笑话。

若将展览看作商品，将观众当作客户，目前很多博物馆就像计划经济时期的厂家一样，我们生产什么客户买什么，而非客户想要什么我们生产什么。"稽古维新"展览也存在这样的问题。人们总是将陌生的事物与自己熟知的具体经历相结合，对展览内容的理解也是这样[25]。因此，了解客户的年龄段、需求、层次、行业背景等，设计多线索的内容叙事与展陈手段，或者举办针对某种需求、行业的个性化展览，或许是博物馆及其展览维系核心客户、开拓新客户的一种思路。

与十年磨一剑的常设展览相比，面对准备时间短的临时专题展览，更需要筹展人员多用心思、巧用心思、善用心思。虽然筹展人员的知识体系、专业水平与工作能力有所差别，但任何一个展览都是他们尽了最大努力、费尽心思完成的。是否用心，其实观众是能看出来的。在笔者看来，对每一位用心做展览的人来说，网友的"做得很上心"一语，是最高的评价。

注释：

1. 李维学：《浅谈吉州窑与黑釉瓷器展览的成功策划与实践》，《文物世界》2012 年第 4 期。

2. 林思思：《博物馆图文展板研究》，浙江大学硕士学位论文，2013 年，第 5 页。

3. 郭月琼：《宋代仿古青铜礼器研究》，中国艺术研究院硕士学位论文，2011 年，第 81～88 页。

4. 扬之水：《奢华之色——宋元明金银器研究》卷三，中华书局，2011 年；陆鹏亮：《法古悦新——宋元明清的铜器取用》，陈建明主编：《复兴的铜器艺术——湖南晚期铜器展》，中华书局，2013 年；袁泉：《新安沉船出水仿古器物讨论——以炉瓶之事为中心》，《故宫博物院院刊》2013 年第 5 期。

5. 郭学信：《"以儒立国"与北宋士大夫的精神风貌》，《山东师大学报》（人文社会科学版）2001 年第 6 期；张学玲：《北宋士大夫及士大夫政治》，《太原师范学院学报》（社会科学版）2004 年第 1 期。

6. 连新达：《宋代士大夫文人的反"俗"心态》，《文史哲》2009 年第 6 期。

7. 扬之水：《奢华之色——宋元明金银器研究》卷三，中华书局，2011 年，第 124 页。

8. 袁泉：《稽古作新——宋以降鼎形容器的社会功能与文化内涵》，河南博物院编：《鼎盛中国——中国鼎文化》，大象出版社，2013 年；黄阳兴：《复古维新与四般闲事》，在 2015 年 4 月深圳博物馆举办的"宋代窖藏学术研讨会"上宣读。

9. 李永强：《文人"面孔"院体身份——论宋徽宗赵佶诗、书、画、印结合的艺术形式及其渊源》，《荣宝斋》2014 年第 10 期。

10. 王宏钧主编：《中国博物馆学基础》，上海古籍出版社，2001 年，第 249 页。

11. 林思思：《博物馆图文展板研究》，浙江大学硕士学位论文，2013 年，第 6 页。

12. 蔡明：《深圳博物馆"馆藏青铜器展"创作思路与结构体系》，《博物馆研究》2011 年第 2 期。

13. 陈建明主编：《复兴的铜器艺术——湖南晚期铜器展》，中华书局，2013 年。

14. 陆鹏亮：《法古悦新——宋元明清的铜器取用》，陈建明主编：《复兴的铜器艺术——湖南晚期铜器展》，中华书局，2013 年；袁泉：《新安沉船出水仿古器物讨论——以炉瓶之事为中心》，《故宫博物院院刊》2013 年第 5 期。

15. 马晓林：《元代国家祭祀研究》，南开大学博士学位论文，2012 年；李媛：《明代国家祭祀制度研究》，中国社会科学出版社，2011 年。

16. 第一单元"法古悦新"之名，引自陆鹏亮《法古悦新——宋元明清的铜器取用》的论文标题；第二单元"崇德报功"出自《尚书·武成》"惇信明义，崇德报功，垂拱而天下治"一句；第三单元的"新造奢华"，借用了扬之水《奢华之色——宋元明金银器研究》的书名，并结合了宋代金银器出现本土化新风格这一特点。

17. 林思思：《博物馆图文展板研究》，浙江大学硕士学位论文，2013 年，第 17 页。

18. 林思思：《博物馆图文展板研究》，浙江大学硕士学位论文，2013 年，第 6、19 页。

19. 罗娇：《论杂志版式编排的变化调整》，《湖南人文科技学院学报》2010 年第 4 期。

20. 林思思：《博物馆图文展板研究》，浙江大学硕士学位论文，2013 年，第 19 页。

21. 林思思：《博物馆图文展板研究》，浙江大学硕士学位论文，2013 年，第 17 页。

22. 林思思：《博物馆图文展板研究》，浙江大学硕士学位论文，2013 年，第 6 页。

23. 《太忙? 来感受下古代文人慢生活》，《晶报》2015 年 12 月 1 日 A16 版。

24. 魏敏：《博物馆展览文字浅析——观众研究视野中的案例分析》，《东南文化》2012 年第 2 期。

25. 魏敏：《博物馆展览文字浅析——观众研究视野中的案例分析》，《东南文化》2012 年第 2 期。

后记

在历史的长河中，文化的交流与融合从未因地理而被真正阻隔。广东与湖南，隔南岭相望，两地之间的交流源远流长。深圳地区新石器时代的咸头岭文化和湖南境内的高庙文化、汤家岗文化及大溪文化等史前文化出土了具有相似特征的白陶、彩陶，表明距今 7000～6000 年前的珠江三角洲地区就已经与湖南有了比较密切的联系；改革开放后，在深圳城市建设与经济腾飞的过程中，也留下了众多湖南人拼搏奋斗的身影。

　　党的十八大以来，深圳博物馆加强了与湖南地区文博单位的深度合作，进一步推动两地的文化交流。2013 年，深圳博物馆与湖南博物院共同举办了"潇湘铜华——湖南省博物馆藏商周青铜器精品展"，展出了豕形铜尊、"大禾"人面纹铜方鼎、"皿天全"铜方罍器盖等青铜重器。2015 年，深圳博物馆再次与湖南省多家文博单位合作，隆重推出"稽古维新——湖南省宋元明铜器与金银器展"，集中呈现宋以后的晚期铜器和金银器等精品文物及其最新研究成果，为学界和公众了解宋元明铜器和金银器的工艺变迁、文化传承、审美趣味、创新轨迹等提供帮助。值得一提的是，此次展览中大部分展品系首次在湖南省外展出，为公众了解湖南地区的历史文化和宋元明时期的时代风格打开了一扇新窗口。

　　本次展览的成功举办，离不开深圳博物馆与湖南省各文博单位的紧密合作。其中，深圳博物馆与湖南博物院共同拟定了展品清单；湖南博物院负责省内各文博单位间的协调，提供展品的文字、图像等资料；深圳博物馆根据湖南方面提供的资料，完成了展览内容的创作和展陈形式的设计、施工。宁夏回族自治区博物馆的杨静翻译了器物上的阿拉伯文字。展览和图录中的展品图片大部分由湖南省各文博单位提供，深圳博物馆的黄诗金补充拍摄了部分展品。图录的编辑和出版工作由深圳博物馆负责并完成。其中，蔡明编写了图录的主要内容、拟定了图录的设计和排版方案；胡亚楠承担了图录的资料整理和文字校对等工作，参与了图录的排版设计；朱海参与了图录的文字校对工作。

　　展望未来，我们期待深圳与湖南之间的文化交流能够持续深化，为传承和弘扬中华优秀传统文化贡献更大的力量。